# CONTEÚDO DIGITAL PARA ALUNOS
Cadastre-se e transforme seus estudos em uma experiência única de aprendizado:

**1** Entre na página de cadastro:
https://sistemas.editoradobrasil.com.br/cadastro

**2** Além dos seus dados pessoais e dos dados de sua escola, adicione ao cadastro o código do aluno, que garantirá a exclusividade do seu ingresso à plataforma.

1053837A3467740

**3** Depois, acesse: https://leb.editoradobrasil.com.br/
e navegue pelos conteúdos digitais de sua coleção :D

*Lembre-se de que esse código, pessoal e intransferível, é válido por um ano. Guarde-o com cuidado, pois é a única maneira de você acessar os conteúdos da plataforma.*

# AKPALÔ
## LÍNGUA PORTUGUESA

**Maria Regina Centeno Giesen**
- Licenciada em Letras Clássicas pela Universidade Federal do Paraná (UFPR)
- Especialista em Literatura Brasileira e em Teoria Geral dos Signos pela UFPR
- Mestre em Mídia e Conhecimento pela Universidade Federal de Santa Catarina (UFSC)
- Professora de Língua Portuguesa do Ensino Fundamental, Ensino Médio e Ensino Superior nas redes particular e pública de ensino

**Lenita Venantte**
- Licenciada em Letras pela Pontifícia Universidade Católica do Paraná (PUC-PR)
- Pós-graduada em Língua Portuguesa e Literatura Brasileira pela Universidade Tecnológica Federal do Paraná (UTFPR)
- Professora de Língua Portuguesa do Ensino Fundamental e Ensino Médio nas redes particular e pública de ensino

**Lidiane Monferino**
- Licenciada em Pedagogia pela Universidade Tuiuti do Paraná (UTP)
- Professora alfabetizadora na rede pública de ensino

**1º ANO**
Ensino Fundamental
Anos Iniciais

LÍNGUA PORTUGUESA

**AKPALÔ**
Palavra de origem africana que significa "contador de histórias, aquele que guarda e transmite a memória do seu povo".

São Paulo, 2019
4ª edição

**Dados Internacionais de Catalogação na Publicação (CIP)**
**(Câmara Brasileira do Livro, SP, Brasil)**

Giesen, Maria Regina Centeno
  Akpalô língua portuguesa 1º ano / Maria Regina Centeno Giesen, Lenita Venantte, Lidiane Monferino. – 4. ed. – São Paulo : Editora do Brasil, 2019. – (Coleção akpalô)

  ISBN 978-85-10-07598-5 (aluno)
  ISBN 978-85-10-07599-2 (professor)

  1. Português (Ensino fundamental) I. Venantte, Lenita. II. Monferino, Lidiane. III. Título. IV. Série.

19-27338                                            CDD-372.6

**Índices para catálogo sistemático:**
1. Português : Ensino fundamental 372.6
Maria Alice Ferreira - Bibliotecária - CRB-8/7964

4ª edição / 2ª impressão, 2024
Impresso no Parque Gráfico da Pifferprint

Avenida das Nações Unidas, 12901
Torre Oeste, 20º andar
São Paulo, SP – CEP: 04578-910
Fone: +55 11 3226-0211
www.editoradobrasil.com.br

© Editora do Brasil S.A., 2019
*Todos os direitos reservados*

**Direção-geral**: Vicente Tortamano Avanso

**Direção editorial**: Felipe Ramos Poletti
**Gerência editorial**: Erika Caldin
**Supervisão de arte e editoração**: Cida Alves
**Supervisão de revisão**: Dora Helena Feres
**Supervisão de iconografia**: Léo Burgos
**Supervisão de digital**: Ethel Shuña Queiroz
**Supervisão de controle de processos editoriais**: Roseli Said
**Supervisão de direitos autorais**: Marilisa Bertolone Mendes
**Consultoria de iconografia**: Tempo Composto Col. de Dados Ltda.

**Supervisão editorial**: Selma Corrêa
**Coordenação pedagógica**: Josiane Sanson
**Edição**: Maria Cecília Fernandes Vannucchi
**Assistência editorial**: Camila Grande, Gabriel Madeira, Mariana Gazeta Trindade e Olivia Yumi Duarte
**Copidesque**: Gisélia Costa e Ricardo Liberal
**Revisão**: Alexandra Resende, Andréia Andrade e Elaine Silva
**Pesquisa iconográfica**: Daniel Andrade, Elena Ribeiro, Maria Magalhães e Tempo Composto Col. de Dados Ltda.
**Assistência de arte**: Lívia Danielli e Samira de Souza
**Design gráfico**: Estúdio Sintonia e Patrícia Lino
**Capa**: Megalo Design
**Imagens de capa**: ChesiireCat/iStockphoto.com, master1305/iStockphoto.com e Weedezign/iStockphoto.com
**Ilustrações**: André Aguiar, André Martins, Andressa Prezoto, Artur Fujita, Avalone, Brambilla, Bruna Ishihara, Camila de Godoy, Camila Hortencio, Carlos Jorge, Carolina Sartório, Christiane S. Messias, Cibele Santos, Clarissa França, Cláudia Marianno, Cláudio Chyio, Daniel Cabral (Aberturas de Unidades), Daniel Klein, Danielle Joanes, DAE, Danilo Souza, Davi Viegas, Dawidson França, Dayane Cabral Raven, Desenhorama, Diego Munhoz, Douglas Ferreira, Edde Wagner, Eduardo Belmiro, Eduardo Borges, Estúdio Kiwi, Estúdio Ornitorrinco, Estúdio Udes, Francis Ortolan, Hélio Senatore, Henrique Brum, Ilustra Cartoon, Jorge Zaiba, José Wilson Magalhães, Lápis Mágico, Lie Nobusa, Luiz Lentini, Marco Cortez, Marcos Machado, Michel Borges, Murilo Moretti, Olivia Pinto, Paulo Borges, Raitan Ohi, Renata Bueno, Rogério Rios, Samuel Silva, Silvana Rando, Simone Matias, Susan Morisse, Thiago Bento, Weberson Santiago e Wilson Jorge Filho
**Coordenação de editoração eletrônica**: Abdonildo José de Lima Santos
**Editoração eletrônica**: Adriana Albano e Wlamir Miasiro
**Licenciamentos de textos**: Cinthya Utiyama, Jennifer Xavier, Paula Harue e Renata Garbellini
**Controle de processos editoriais**: Bruna Alves, Carlos Nunes, Rafael Machado e Stephanie Paparella

**QUERIDO ALUNO,**

FIZEMOS ESTE LIVRO PENSANDO EM VOCÊ, QUE GOSTA DE APRENDER E DE SABER O PORQUÊ DAS COISAS.

NELE, VOCÊ LERÁ TEXTOS DIVERTIDOS, POÉTICOS, CURIOSOS E CHEIOS DE INFORMAÇÕES. TAMBÉM VAI ESCREVER, TROCAR IDEIAS, OUVIR HISTÓRIAS, CANTAR E BRINCAR!

COM ESTE LIVRO, QUEREMOS QUE VOCÊ DESENVOLVA OS CONHECIMENTOS DA LÍNGUA PORTUGUESA QUE JÁ POSSUI E APRENDA SEMPRE MAIS, PARA INTERAGIR COM AS PESSOAS PELA FALA E PELA ESCRITA USANDO CADA VEZ MELHOR OS RECURSOS DE NOSSA LÍNGUA.

QUE ESTE ANO SEJA DIVERTIDO E COM MUITAS DESCOBERTAS!

UM ABRAÇO,
AS AUTORAS

# SUMÁRIO

## UNIDADE 1
### MUITAS DESCOBERTAS ..................... 8

- VOCÊ É O DETETIVE! ............................................. 10
  - **ESTUDO DA ESCRITA:** IMAGENS, CORES, NÚMEROS E LETRAS ......... 11
    - O ALFABETO ............................................. 16
    - O NOME DA GENTE ................................. 19
- **TEXTO 1 – CANTIGA:** "MEU PINTINHO AMARELINHO" ..................... 22
  - **ESTUDO DO TEXTO** ............................... 24
  - **AÍ VEM HISTÓRIA:** "A CASA QUE PEDRO FEZ" ....................................... 25
- REVENDO O QUE APRENDI ............................. 26
- PARA IR MAIS LONGE ..................................... 29

## UNIDADE 2
### COMO É BOM BRINCAR! ................ 30

- JOGO DO PARQUE ............................................ 32
- **TEXTO 1 – POEMA:** "CHUVA CHATA", DE PEDRO BANDEIRA ..................................... 33
  - **ESTUDO DO TEXTO** ............................... 34
  - **ESTUDO DA ESCRITA:** SONS E LETRAS ... 38
- **TEXTO 2 – QUADRINHA** ............................... 40
  - **ESTUDO DO TEXTO** ............................... 41
  - **ESTUDO DA ESCRITA:** QUANTAS LETRAS? ... 43
  - **AÍ VEM HISTÓRIA:** "PULAR CORDA", DE ROSEANA MURRAY ............................. 44
  - **PRODUÇÃO DE TEXTO:** VERSO DE QUADRINHA ............................. 45
  - **ORALIDADE:** DECLAMAÇÃO DE QUADRINHAS ................. 46
  - **#DIGITAL:** ESCREVER BRINCANDO ......... 47
- REVENDO O QUE APRENDI ............................. 48
- PARA IR MAIS LONGE ..................................... 51

## UNIDADE 3
### UM MUNDO DIFERENTE ................. 52

- AJUDE OS PORQUINHOS! ............................... 54
- **TEXTO 1 – CONTO DE FADAS:** "CINDERELA", DE CHARLES PERRAULT ..................................... 55
  - **ESTUDO DO TEXTO** ............................... 57
  - **COMO EU VEJO:** PERSONAGENS DE CONTOS E FILMES ........... 60
  - **COMO EU TRANSFORMO:** PRINCESAS DOS DIAS DE HOJE ....................................... 62
  - **ORALIDADE:** RECONTO DE CONTO DE FADAS ................. 63
  - **ESTUDO DA ESCRITA:** SONS E LETRAS ... 64
- **TEXTO 2 – CAPA DE LIVRO:** "CONTOS DE ANDERSEN, GRIMM E PERRAULT" ................. 67
  - **ESTUDO DO TEXTO** ............................... 68
  - **ESTUDO DA ESCRITA:** NÚMERO DE LETRAS E ORDEM ALFABÉTICA ..................................... 71
  - **AÍ VEM HISTÓRIA:** "A PRINCESA QUE ESCOLHIA", DE ANA MARIA MACHADO ....... 73
  - **PRODUÇÃO DE TEXTO:** RECONTO DE NARRATIVA INFANTIL ............. 74
- REVENDO O QUE APRENDI ............................. 76
- PARA IR MAIS LONGE ..................................... 79

## UNIDADE 4
### VÁRIOS SABORES ........................ 80

**BINGO DOS ALIMENTOS** ........................ 82

**TEXTO 1 – RECEITA:**
**"VITAMINA DE MAÇÃ, BANANA E PERA"** ......... 83
- **ESTUDO DO TEXTO** ........................ 84
- **ESTUDO DA ESCRITA:** SÍLABAS ........................ 87
  SONS, LETRAS E PALAVRAS ........................ 90

**TEXTO 2 – LISTA** ........................ 91
- **ESTUDO DO TEXTO** ........................ 92
- **ESTUDO DA ESCRITA:**
  SONS, LETRAS E SÍLABAS ........................ 94
- **AÍ VEM HISTÓRIA:**
  "OS PÃEZINHOS DE CRISTA RUIVA", DE
  FLÁVIA MUNIZ E MÁRCIA KUPSTAS ........ 98
- **UM POUCO MAIS SOBRE:** ALIMENTAÇÃO .... 99
- **PRODUÇÃO DE TEXTO:**
  LISTA ........................ 100
  REGRAS DE CONVIVÊNCIA ........................ 102
- **REVENDO O QUE APRENDI** ........................ 104
- **PARA IR MAIS LONGE** ........................ 107

## UNIDADE 5
### NÃO ESTOU SÓ ........................ 108

**PELA JANELA** ........................ 110

**TEXTO 1 – POEMA:** "BILHETE AO SENHOR GRILO",
**DE SÉRGIO CAPPARELLI** ........................ 111
- **ESTUDO DO TEXTO** ........................ 113
- **ESTUDO DA ESCRITA:**
  QUANTAS PALAVRAS? ........................ 116

**TEXTO 2 – BILHETE** ........................ 119
- **ESTUDO DO TEXTO** ........................ 120
- **ESTUDO DA ESCRITA:** SÍLABAS ........................ 123
- **AÍ VEM HISTÓRIA:** "AMIZADE",
  DE CÉSAR OBEID ........................ 126
- **PRODUÇÃO DE TEXTO:** BILHETE COLETIVO .. 127
- **#DIGITAL:** GENTILEZA ........................ 129
- **REVENDO O QUE APRENDI** ........................ 130
- **PARA IR MAIS LONGE** ........................ 133

## UNIDADE 6
### VAMOS CANTAR .......................... 134

BRINCANDO COM SONS.............................. 136

TEXTO 1 – CANTIGA DE RODA:
"SE ESSA RUA FOSSE MINHA" ................... 137
- ESTUDO DO TEXTO................................138
- ESTUDO DA ESCRITA: LETRAS, SÍLABAS E PALAVRAS..................................141

TEXTO 2 – PARLENDA .............................. 145
- ESTUDO DO TEXTO................................146
- AÍ VEM HISTÓRIA: "COISAS DE ÍNDIO", DE DANIEL MUNDURUKU.................147
- ESTUDO DA ESCRITA: SÍLABAS...................148
- ORALIDADE: PARLENDA.............................149
- PRODUÇÃO DE TEXTO: PARLENDA...............150
- REVENDO O QUE APRENDI ....................... 152
- PARA IR MAIS LONGE................................ 155

## UNIDADE 7
### QUEM SÃO ELES? ........................... 156

O QUE ESTÁ ERRADO? .............................. 158

TEXTO 1 – FÁBULA: "A LEBRE E A TARTARUGA", DE ESOPO, VERSÃO DE GUILHERME FIGUEIREDO ......................... 159
- ESTUDO DO TEXTO......................................161
- ESTUDO DA ESCRITA: LETRAS E SÍLABAS .......................................164

TEXTO 2 – FICHA INFORMATIVA:
FICHA DO ANIMAL .................................. 168
- ESTUDO DO TEXTO......................................170
- AÍ VEM HISTÓRIA: "A CIGARRA E AS FORMIGAS", DE ESOPO.................172
- ESTUDO DA ESCRITA: SONS, LETRAS E PALAVRAS................................173
  ORDEM ALFABÉTICA...................................175
- COMO EU VEJO: ANIMAIS EM EXTINÇÃO ...176
- COMO EU TRANSFORMO: PROTEÇÃO AOS ANIMAIS..........................178
- PRODUÇÃO DE TEXTO: FICHA INFORMATIVA .................................179
- REVENDO O QUE APRENDI ....................... 182
- PARA IR MAIS LONGE................................ 185

SIMONE MATIAS

## UNIDADE 8
### VOCÊ SABIA? .................. 186

JOGO DAS CURIOSIDADES .................. 188

**TEXTO 1 – TEXTO DE CURIOSIDADE CIENTÍFICA:**
"O BEIJA-FLOR", *GUIA DOS CURIOSOS* .......... 189
- ESTUDO DO TEXTO .................. 191
- ESTUDO DA ESCRITA: SONS, LETRAS E SÍLABAS .................. 195

**TEXTO 2 – HISTÓRIA EM QUADRINHOS:**
"NIMBUS E O BEIJA-FLOR",
DE MAURICIO DE SOUSA .................. 196
- ESTUDO DO TEXTO .................. 198
- UM POUCO MAIS SOBRE: HISTÓRIAS EM QUADRINHOS .................. 203
- ESTUDO DA ESCRITA: SONS, SÍLABAS E PALAVRAS .................. 204
- ORALIDADE: ENTREVISTA E PUBLICAÇÃO EM MÍDIA DIGITAL .................. 206
- AÍ VEM HISTÓRIA: QUADRINHAS POPULARES .................. 207
- PRODUÇÃO DE TEXTO: HISTÓRIA EM QUADRINHOS .................. 208
- REVENDO O QUE APRENDI .................. 210
- PARA IR MAIS LONGE .................. 213

## UNIDADE 9
### IDEIAS E CORES .................. 214

ARTISTA POR UM DIA .................. 216

**TEXTO 1 – BIOGRAFIA: "TARSILA DO AMARAL",**
DE ANGELA BRAGA E LÍGIA REGO .................. 217
- ESTUDO DO TEXTO .................. 219
- ESTUDO DA ESCRITA: SÍLABAS E PALAVRAS .................. 221

**TEXTO 2 – PINTURA: "O MAMOEIRO",**
DE TARSILA DO AMARAL .................. 224
- ESTUDO DO TEXTO .................. 225
- ESTUDO DA ESCRITA: ESCREVENDO PALAVRAS .................. 227
  LETRAS MAIÚSCULAS E LETRAS MINÚSCULAS .................. 228
  LETRA DE IMPRENSA E LETRA CURSIVA .................. 231
- PRODUÇÃO DE TEXTO: RELEITURA DE UMA PINTURA .................. 232
- ORALIDADE: APRESENTAÇÃO ORAL .................. 235
- AÍ VEM HISTÓRIA: "A INFÂNCIA DE TARSILA DO AMARAL", DE CARLA CARUSO .................. 235
- REVENDO O QUE APRENDI .................. 236
- PARA IR MAIS LONGE .................. 239

AÍ VEM HISTÓRIA – TEXTOS .................. 240
ATIVIDADES PARA CASA .................. 256
REFERÊNCIAS .................. 296
ENCARTES .................. 297

# UNIDADE 1
## MUITAS DESCOBERTAS

- O QUE AS CRIANÇAS ESTÃO FAZENDO?
- VOCÊ SABE QUE LUGAR É ESTE?
- VOCÊ JÁ VISITOU UM LUGAR COMO ESTE? COMO ELE ERA? CONTE COMO FOI A VISITA.
- O QUE SE COSTUMA FAZER EM LUGARES ASSIM?

# VOCÊ É O DETETIVE!

SIGA AS ORIENTAÇÕES DO PROFESSOR E BRINQUE DE DETETIVE!

VOCÊ SABE O QUE UM DETETIVE FAZ?

CONVERSE COM OS COLEGAS, DEPOIS OUÇA A LEITURA QUE O PROFESSOR VAI FAZER.

> **DETETIVE:** PESSOA QUE FAZ INVESTIGAÇÕES SOBRE CRIMES OU OUTRA COISA. SEGUE PISTAS, FAZ PERGUNTAS E PESQUISAS PARA ACHAR O QUE PROCURA. INVESTIGADOR.

NELLY NOVAES COELHO. *PRIMEIRO DICIONÁRIO ESCOLAR – LÍNGUA PORTUGUESA*. SÃO PAULO: NACIONAL, 2005. P. 98.

**1** VOLTE ÀS PÁGINAS 8 E 9. ENCONTRE E CIRCULE OS CINCO OBJETOS QUE NÃO PERTENCEM À BIBLIOTECA.

# ESTUDO DA ESCRITA

## IMAGENS, CORES, NÚMEROS E LETRAS

**1** OBSERVE AS FIGURAS: O QUE ELAS REPRESENTAM?

**A)** CIRCULE DE **AZUL** AS FIGURAS QUE MOSTRAM APENAS DESENHOS E CORES.

**B)** CIRCULE DE **VERMELHO** AS FIGURAS QUE MOSTRAM ALGUNS NÚMEROS.

**2** VOCÊ VIU QUE, COM IMAGENS E NÚMEROS, PODEMOS DAR INFORMAÇÕES E REPRESENTAR IDEIAS E SENTIMENTOS.

NO RELÓGIO, OS NÚMEROS REPRESENTAM AS HORAS. QUE HORAS SÃO NESTE RELÓGIO?

**3** HÁ MUITOS NÚMEROS EM NOSSO DIA A DIA.

A) QUANTOS ANOS VOCÊ TEM?

B) VOCÊ TEM IRMÃOS? QUANTOS?

**4** BRINQUE COM NÚMEROS E SE EXERCITE! FIQUE EM PÉ E, CONTANDO EM VOZ ALTA, FAÇA DEZ POLICHINELOS.

**5** AS CORES TAMBÉM SERVEM PARA COMUNICAR. PINTE NA IMAGEM DO SEMÁFORO A COR QUE ESTÁ FALTANDO. O QUE ESSA COR SIGNIFICA?

**6** AGORA OBSERVE ESTAS IMAGENS. O QUE ELAS MOSTRAM?

CIRCULE AS LETRAS QUE APARECEM NAS IMAGENS.

**7** CIRCULE SOMENTE AS LETRAS.

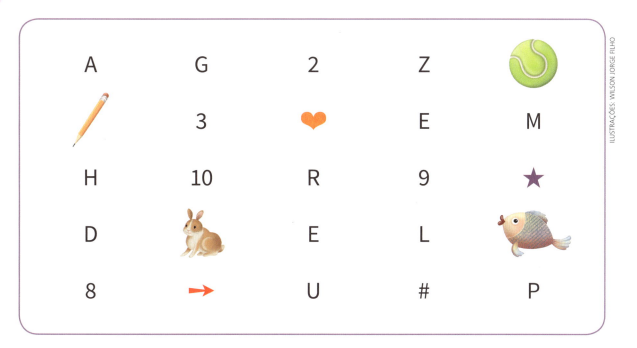

**8** O QUE FAZEMOS COM AS LETRAS? PARA QUE ELAS SERVEM?

**9** COM AS LETRAS VOCÊ ESCREVE O SEU NOME! ESCREVA SEU NOME COMO SOUBER. SE PRECISAR, PEÇA AJUDA AO PROFESSOR.

**10** OBSERVE A IMAGEM E CONTE PARA OS COLEGAS E O PROFESSOR O QUE A MENINA VIU QUANDO SAIU DE CASA PARA IR À ESCOLA.

A) CIRCULE AS PLACAS QUE TÊM SOMENTE NÚMEROS.

B) FAÇA UM **X** NAS PLACAS QUE TÊM LETRAS E NÚMEROS.

C) FAÇA UM TRAÇO EMBAIXO DAS PLACAS EM QUE APARECEM SOMENTE LETRAS.

**11** VOCÊ CONHECE ALGUMAS LETRAS? ESCREVA-AS.

> PARA REPRESENTAR INFORMAÇÕES, IDEIAS E SENTIMENTOS, PODEMOS USAR IMAGENS, CORES, NÚMEROS E LETRAS.

**12** LETRAS COM LETRAS FORMAM PALAVRAS. QUE PALAVRAS VOCÊ CONHECE? ESCREVA-AS AQUI DO SEU JEITO.

# O ALFABETO

AS LETRAS QUE USAMOS PARA ESCREVER AS PALAVRAS DA LÍNGUA PORTUGUESA FORMAM O **ALFABETO**, TAMBÉM CHAMADO DE **ABECEDÁRIO** OU **ABECÊ**.

| A | B | C | D | E | F | G |
|---|---|---|---|---|---|---|
| H | I | J | K | L | M | N |
| O | P | Q | R | S | T | U |
| V | W | X | Y | Z | | |

**1** COPIE AS LETRAS ESCRITAS EM **VERMELHO** NA ORDEM EM QUE APARECEM NO ALFABETO.

_____

**2** AS LETRAS QUE VOCÊ ESCREVEU SÃO AS **VOGAIS**. AS LETRAS EM **VERDE** SÃO AS **CONSOANTES**.

CONTE E COMPLETE: O ALFABETO TEM _____ **VOGAIS** E _____ **CONSOANTES**.

**3** VOLTE À PÁGINA 16 E FALE COM OS COLEGAS E O PROFESSOR O NOME DAS LETRAS NA ORDEM DO ALFABETO.

**4** COMPLETE O ALFABETO COM AS LETRAS QUE FALTAM.

**5** LEIA MAIS UMA VEZ AS LETRAS DO ALFABETO COM OS COLEGAS E O PROFESSOR. DEPOIS, TENTE DIZÊ-LAS DE COR. VAMOS LÁ?

**6** RECORTE AS FIGURAS DA PÁGINA 303 E COLE-AS ABAIXO OBSERVANDO A PRIMEIRA LETRA DO NOME DE CADA IMAGEM.

| A | E | I |
|---|---|---|
|   |   |   |

| O | U |
|---|---|
|   |   |

A) FALE ALTO O NOME DAS IMAGENS.

B) A PRIMEIRA LETRA DESSES NOMES É UMA VOGAL OU UMA CONSOANTE?

**7** FALE ALTO O NOME DAS IMAGENS, DEPOIS COMPLETE O ALFABETO COM A PRIMEIRA LETRA DE CADA NOME.

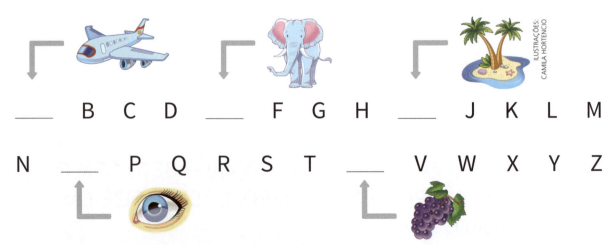

ILUSTRAÇÕES: CAMILA HORTENCIO

___ B C D ___ F G H ___ J K L M

N ___ P Q R S T ___ V W X Y Z

# O NOME DA GENTE

**1** VAMOS VER QUAIS SÃO AS LETRAS DE SEU NOME?

A) PINTE NO ALFABETO DA PÁGINA 16 OS QUADROS QUE TÊM AS LETRAS DE SEU NOME.

B) COM A AJUDA DO PROFESSOR, FAÇA UM CRACHÁ COM SEU NOME.

C) OLHANDO O CRACHÁ, MONTE SEU NOME SOBRE A MESA COM AS LETRAS MÓVEIS.

D) COPIE SEU NOME NO ESPAÇO ABAIXO. PEÇA AJUDA AO PROFESSOR, SE PRECISAR.

**2** COMPLETE.

A) MEU NOME COMEÇA COM A LETRA _____ E TERMINA COM A LETRA _____.

B) MEU NOME TEM _____ LETRAS.

**3** CONSULTE A LISTA COM O NOME DOS COLEGAS.

A) HÁ NOMES QUE COMEÇAM COM A MESMA LETRA QUE O SEU? COPIE-OS.

_____

_____

B) CONVERSE COM OS COLEGAS E O PROFESSOR: POR QUE SERÁ QUE A ESCRITA DESSES NOMES COMEÇA IGUAL?

**4** AGORA PESQUISE, NA LISTA COM O NOME DOS COLEGAS, NOMES QUE TERMINEM COM A MESMA LETRA QUE O SEU.

A) COPIE-OS NAS LINHAS.

_____

_____

_____

B) CONVERSE COM OS COLEGAS E O PROFESSOR: ESSES NOMES TERMINAM COM O MESMO SOM?

**5** LEIA O NOME DAS MENINAS.

N I N A          L U N A

A) QUANTAS LETRAS FORMAM CADA NOME? _____

B) FAÇA UM TRAÇO EMBAIXO DAS LETRAS QUE SE REPETEM.

C) COPIE AS LETRAS QUE SE REPETEM.

_____

D) LEIA A PARTE QUE SE REPETE NAS DUAS PALAVRAS.

E) OS DOIS NOMES TERMINAM COM O MESMO SOM?

☐ SIM.         ☐ NÃO.

**6** COM A ORIENTAÇÃO DO PROFESSOR, BRINQUE COM OS COLEGAS DE **LETRA PUXA PALAVRA**.

## TEXTO 1 — CANTIGA

**1** PINTE DE AMARELO OS ESPAÇOS QUE TÊM LETRAS E DESCUBRA O QUE ESTÁ ESCONDIDO.

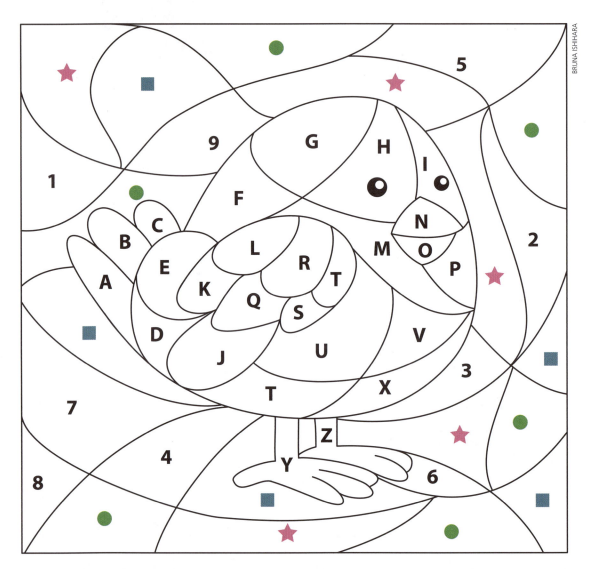

**2** CONTE PARA OS COLEGAS E O PROFESSOR: QUEM VOCÊ DESCOBRIU?

**3** ESSE PERSONAGEM FAZ PARTE DE UMA CANTIGA MUITO CONHECIDA, QUE VOCÊ VAI CANTAR COM OS COLEGAS E O PROFESSOR. QUAL CANTIGA SERÁ?

## MEU PINTINHO AMARELINHO

MEU PINTINHO AMARELINHO
CATA AQUI NA MINHA MÃO,
NA MINHA MÃO.
QUANDO QUER COMER BICHINHO
COM SEU PEZINHO
ELE CISCA O CHÃO.

ELE BATE AS ASAS
ELE FAZ PIU-PIU
MAS TEM MUITO MEDO DO GAVIÃO.

DOMÍNIO PÚBLICO. DISPONÍVEL EM: <www.dominiopublico.gov.br/download/texto/me000588.pdf>. ACESSO EM: 5 JAN. 2017.

**4** FAZENDO GESTOS, CANTE A CANTIGA COM OS COLEGAS E O PROFESSOR.

**5** CANTE DE NOVO A CANTIGA TROCANDO "AMARELINHO" POR **BONITINHO** E "GAVIÃO" POR **SEU FALCÃO**. QUAL DAS DUAS FORMAS VOCÊ ACHOU MAIS INTERESSANTE E GOSTOSA DE CANTAR?

# ESTUDO DO TEXTO

**1** CIRCULE A IMAGEM DOS ANIMAIS CITADOS NA CANTIGA.

ILUSTRAÇÕES: SIMONE MATIAS

**2** ESCREVA DO JEITO QUE VOCÊ SABE.

NESSA CANTIGA, O PINTINHO AMARELINHO TEM MEDO DO

_____.

**3** LIGUE CADA NOME À IMAGEM CERTA.

GAVIÃO

PINTINHO

**4** A CANTIGA DIZ: "MEU PINTINHO AMARELINHO/CATA AQUI NA MINHA MÃO".

A) VOCÊ SABE O QUE É **CATAR**?

B) O QUE SERÁ QUE O PINTINHO CATA E PARA QUÊ?

**5** NA LETRA DA CANTIGA, PINTE:

A) DE **VERMELHO**, AS PALAVRAS QUE TÊM O MESMO SOM FINAL DE "AMARELINHO";

B) DE **AZUL**, AS PALAVRAS QUE TÊM O MESMO SOM FINAL DE "MÃO".

**6** CIRCULE A PARTE QUE É IGUAL NO FINAL DE CADA DUPLA DE PALAVRAS. DEPOIS COPIE A PARTE QUE SE REPETE.

PINTINHO

PEZINHO

MÃO

GAVIÃO

**7** VAMOS ESCREVER? COPIE CADA LETRA EM UM ESPAÇO.

PINTINHO

AMARELINHO

### AÍ VEM HISTÓRIA

O PROFESSOR VAI LER, NA PÁGINA 240, UMA HISTÓRIA QUE FALA DE UM MENINO, DE UM RATO, DE UM GATO E DE OUTROS PERSONAGENS. MAS ESSA HISTÓRIA TEM ALGUMA COISA DIFERENTE. O QUE SERÁ?

# REVENDO O QUE APRENDI

**1** OBSERVE O QUE HÁ NESTA ESTANTE.

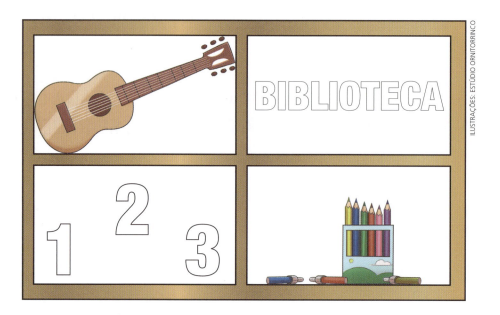

A) CIRCULE AS IMAGENS QUE APARECEM NA ESTANTE.

B) PINTE OS NÚMEROS DE **AZUL** E A PALAVRA **BIBLIOTECA** DE **VERDE**.

**2** LEIA O ALFABETO COM O PROFESSOR.

A B C D E F G H I J K L M N O P Q R S T U V W X Y Z

◆ LIGUE OS PONTOS SEGUINDO A ORDEM ALFABÉTICA.

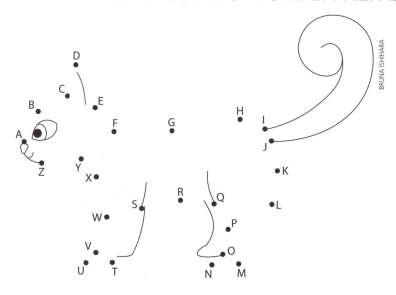

**3** CIRCULE AS LETRAS DA PALAVRA **GATO** NO ALFABETO DA PÁGINA ANTERIOR.

**4** LIGUE CADA NOME À IMAGEM CORRESPONDENTE.

GATO

MACACO

CAVALO

**5** VOCÊ FOI DETETIVE NO COMEÇO DA UNIDADE E AGORA TEM OUTRO DESAFIO.

A) ESCREVA A LETRA INICIAL DO NOME DE CADA FIGURA.

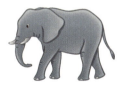     

_____  _____  _____  _____  _____  _____

B) JUNTE AS LETRAS QUE ESCREVEU E DESCUBRA UMA PALAVRA. FALE A PALAVRA COM OS COLEGAS E O PROFESSOR.

**6** PINTE AS LETRAS QUE APARECEM EM SEU NOME.

A B C D E F
G H I J K L
M N O P Q R
S T U V W X
Y Z

**7** ESCREVA NA FICHA O QUE SE PEDE.

SEU NOME:

O NOME DE SEUS PAIS OU DE QUEM CUIDA DE VOCÊ:

SEU ENDEREÇO:

## PARA IR MAIS LONGE

### LIVROS

▶ **O MENINO QUE MORAVA NO LIVRO**, DE HENRIQUE SITCHIN. SÃO PAULO: PANDA BOOKS, 2009.

O MENINO DESSA HISTÓRIA É PARECIDO COM QUALQUER OUTRO, MAS COM UMA DIFERENÇA: ELE MORA DENTRO DE UM LIVRO!

▶ **O BATALHÃO DAS LETRAS**, DE MARIO QUINTANA. RIO DE JANEIRO: ALFAGUARA, 2014.

O AUTOR BRINCA COM LETRAS E PALAVRAS, ENQUANTO AS ILUSTRAÇÕES PROPÕEM UM JOGO: TENTE DESCOBRIR NOS DESENHOS A LETRA-TEMA DE CADA PÁGINA.

▶ **DE LETRA EM LETRA**, DE BARTOLOMEU CAMPOS DE QUEIRÓS. SÃO PAULO: MODERNA, 2004.

QUANDO APRENDEMOS O ALFABETO, DESCOBRIMOS QUE AS LETRAS COMPÕEM NOSSO NOME. ABRA O LIVRO E PROCURE A LETRA DE SEU NOME!

### FILME

▶ **OS FANTÁSTICOS LIVROS VOADORES DO SENHOR MORRIS LESSMORE**, DIREÇÃO DE WILLIAM JOYCE E BRANDON OLDENBURG. ESTADOS UNIDOS, 2012. 15 MIN. DISPONÍVEL EM: <www.animamundi.com.br/pt/blog/imperdivel-os-fantasticos-livros-voadores-do-sr-morris-lessmore/>. ACESSO EM: 30 MAIO 2017.

APÓS UM FURACÃO, UM HOMEM VAI PARAR EM UMA TERRA DESCONHECIDA, ONDE PASSA A VIVER RODEADO POR LIVROS. ESSA ANIMAÇÃO EMOCIONANTE FOI VENCEDORA DO OSCAR DE MELHOR CURTA-METRAGEM DE ANIMAÇÃO DE 2012.

- A ILUSTRAÇÃO MOSTRA VÁRIAS CRIANÇAS. ONDE ELAS ESTÃO E O QUE ESTÃO FAZENDO?
- EM QUE MOMENTO DO DIA ESTA CENA ACONTECE?
- PRESTE ATENÇÃO NAS CORES DA ILUSTRAÇÃO. VOCÊ ACHA QUE ELAS COMBINAM COM A CENA? POR QUÊ?

# JOGO DO PARQUE

SIGA A ORIENTAÇÃO DO PROFESSOR E BRINQUE COM O **JOGO DO PARQUE**!

1. BRINCAR AO AR LIVRE É MUITO BOM! ALGUMA VEZ VOCÊ SE PREPAROU PARA BRINCAR FORA DE CASA E COMEÇOU A CHOVER? RELATE AOS COLEGAS. DIGA QUANDO ISSO ACONTECEU (FAZ TEMPO? FOI NA SEMANA PASSADA? NAS FÉRIAS?), CONTE SE ERA DE MANHÃ, DE TARDE OU DE NOITE E COMO VOCÊ RESOLVEU O PROBLEMA.

2. A SEGUIR O PROFESSOR VAI LER UM POEMA QUE SE CHAMA "CHUVA CHATA". VOCÊ GOSTA DE CHUVA? PARA QUEM SERÁ QUE A CHUVA É CHATA?

# TEXTO 1 — POEMA

**CHUVA CHATA**

ESTÁ CHOVENDO
A TELEVISÃO ESTÁ QUEBRADA,
E O MEU IRMÃOZINHO
NÃO SABE JOGAR DOMINÓ.

ESTÁ CHOVENDO,
EU ESTOU SÓ.
NÃO POSSO IR LÁ FORA
JOGAR BOLA
NEM PIÃO.
QUE CHATEAÇÃO!

ESTÁ CHOVENDO,
EU JÁ LI MEU LIVRINHO.
TINHA UM MENINO
E UM DINOSSAURINHO.

ESTÁ CHOVENDO.
LÁ NO LIVRINHO
TINHA UM RATINHO
E FAZIA SOL.

ESTÁ CHOVENDO.
VOU LER DE NOVO.
ACHO QUE A CHUVA
NÃO JOGA PIÃO
NEM FUTEBOL.

PEDRO BANDEIRA. *CAVALGANDO O ARCO-ÍRIS*. ILUSTRAÇÕES DE MICHIO YAMASHITA. 3. ED. SÃO PAULO: MODERNA, 2010. P. 43. (COL. GIRASSOL).

## QUEM ESCREVEU?

**PEDRO BANDEIRA**
NASCEU EM 1942, EM SANTOS, NO ESTADO DE SÃO PAULO. ALÉM DE ESCREVER HISTÓRIAS PARA CRIANÇAS E JOVENS, TAMBÉM FOI ATOR, JORNALISTA, PUBLICITÁRIO E TRABALHOU NA TV. SEUS LIVROS RECEBERAM VÁRIOS PRÊMIOS.

# ESTUDO DO TEXTO

**1** CONVERSE COM OS COLEGAS E O PROFESSOR: POR QUE, PARA O MENINO, A CHUVA É "CHATA"?

**2** FAÇA UM DESENHO QUE REPRESENTE COMO O MENINO ESTAVA SE SENTINDO.

**3** CIRCULE NA PÁGINA 33:

A) COM LÁPIS DE COR **VERDE**, O TÍTULO DO POEMA;

B) COM LÁPIS DE COR **LARANJA**, O NOME DO AUTOR.

**4** SE TIVESSE QUE IMITAR O SOM DA CHUVA, QUE SOM VOCÊ FARIA?

**5** FALE ALTO: "CHUVA CHATA". O SOM DESSAS PALAVRAS LEMBRA O SOM DA CHUVA? POR QUÊ?

**6** CONTE COM OS COLEGAS E O PROFESSOR: ESSE POEMA TEM _____ LINHAS.

> NOS POEMAS, CADA LINHA É UM **VERSO**.

**7** O PROFESSOR VAI RELER ALGUNS VERSOS DO POEMA "CHUVA CHATA".

ESTÁ CHOVENDO.
LÁ NO LIVRINHO
TINHA UM RATINHO
E FAZIA SOL.

BRUNA ISHIHARA

**A)** FALE EM VOZ ALTA A PALAVRA "LIVRINHO".

**B)** QUE PALAVRA, NESSES VERSOS, TERMINA COM O MESMO SOM QUE "LIVRINHO"? CIRCULE-A.

**C)** AGORA, SEM CONSULTAR A PÁGINA 33, PROCURE SE LEMBRAR DE QUALQUER PALAVRA DO POEMA E ESCREVA-A.

> QUANDO DUAS PALAVRAS TERMINAM COM SOM PARECIDO, DIZEMOS QUE ELAS **RIMAM**.

**8** O POEMA TERMINA ASSIM:

ACHO QUE A CHUVA
NÃO JOGA PIÃO
NEM FUTEBOL.

VOLTE À PÁGINA 33 E DESCUBRA A PALAVRA QUE RIMA COM "FUTEBOL". CIRCULE-A COM LÁPIS DE COR.

**9** FALE ALTO O NOME DOS BRINQUEDOS, DEPOIS ESCREVA AS LETRAS QUE FALTAM.

**P**IPA                **B**ONECA

\_\_\_IÃO               \_\_\_OLA

A) NO POEMA APARECE O NOME DE QUAIS DESSES BRINQUEDOS? COPIE-OS.

_____

B) AGORA PINTE O NOME DESSES BRINQUEDOS NO POEMA.

**10** O MENINO DO POEMA FALA DE UM JOGO QUE NÃO SE PODE JOGAR SOZINHO. QUAL?

DESCUBRA COPIANDO A PRIMEIRA LETRA DE CADA NOME.

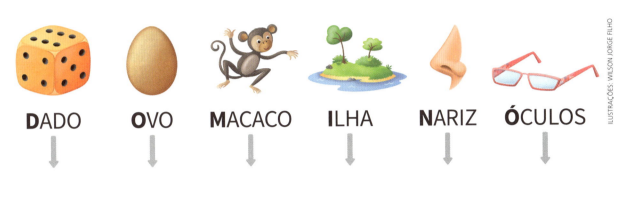

**D**ADO   **O**VO   **M**ACACO   **I**LHA   **N**ARIZ   **Ó**CULOS

A) LEIA COM OS COLEGAS A PALAVRA QUE VOCÊ FORMOU.

B) COPIE ESSA PALAVRA.

_____

**11** NO LIVRINHO QUE O MENINO LEU:

☐ ESTAVA CHOVENDO.

☐ FAZIA SOL.

**12** CIRCULE O QUE HAVIA NO LIVRINHO.

| RATINHO | TELEVISÃO QUEBRADA | UM MENINO |
| CHUVA | | DINOSSAURINHO |

**13** VOCÊ ACHA QUE O MENINO DO POEMA GOSTOU DE LER O LIVRINHO? POR QUÊ?

# ESTUDO DA ESCRITA

## SONS E LETRAS

**1** VAMOS BRINCAR DE RIMAR? DIGA AO PROFESSOR PALAVRAS QUE RIMEM COM **PIÃO**. ELE VAI ESCREVÊ-LAS NA LOUSA PARA VOCÊ COPIÁ-LAS.

_____

_____

**2** LEIA COM OS COLEGAS.

PIÃO    PIPA

A) QUAL É O SOM DA PRIMEIRA PARTE DESSAS PALAVRAS?

B) CIRCULE AS LETRAS QUE REPRESENTAM ESSE SOM.

C) FALE O NOME DOS DESENHOS, DEPOIS ESCREVA AS LETRAS QUE FALTAM.

_____POCA    _____ANO    _____COLÉ    _____NTINHO

**3** QUANTAS LETRAS ESTAS PALAVRAS TÊM?

A) PIÃO: _____

B) PIPA: _____

C) PIPOCA: _____

**4** ENCONTRE O BRINQUEDO DIFERENTE DOS DEMAIS EM CADA GRUPO E PINTE-O.

AGORA FALE EM VOZ ALTA O NOME DOS TRÊS BRINQUEDOS E ESCREVA OS NOMES COMO SOUBER.

_____

# TEXTO 2 — QUADRINHA

**1** PINTE OS ESPAÇOS EM BRANCO SEGUINDO O CÓDIGO:

■ – LARANJA   ◆ – MARROM   ● – CINZA

O PASSARINHO QUE VOCÊ PINTOU É UM SABIÁ-LARANJEIRA, MUITO CONHECIDO POR SEU CANTO FORTE E BONITO.

A SEGUIR O PROFESSOR VAI LER VERSOS QUE FALAM DE UM PASSARINHO. PRESTE ATENÇÃO NO SOM DAS PALAVRAS.

PASSARINHO, PASSARINHO
VEM BRINCAR NO MEU JARDIM.
QUERO SER SEU AMIGUINHO
CANTE BEM PERTO DE MIM.

DOMÍNIO PÚBLICO.

# ESTUDO DO TEXTO

**1** NOS VERSOS, QUEM FALA COM O PASSARINHO É:

☐ UMA MENINA.    ☐ UM MENINO.

**2** A PESSOA QUE FALA COM O PASSARINHO QUER QUE ELE:

☐ VÁ EMBORA.    ☐ CANTE PERTO DELA.

**3** O TEXTO QUE VOCÊ LEU É UMA QUADRINHA. CONTE E RESPONDA: QUANTOS VERSOS ELA TEM? _____

> OS POEMINHAS POPULARES DE QUATRO VERSOS SÃO CHAMADOS DE **QUADRINHAS**.

**4** LEIA A QUADRINHA COM O PROFESSOR E TENTE MEMORIZÁ-LA. QUANDO ELE PEDIR, RECITE DE COR A QUADRINHA COM OS COLEGAS.

**5** ENCONTRE A PALAVRA "PASSARINHO" NA QUADRINHA.

A) PINTE ESSA PALAVRA DA COR QUE PREFERIR.

B) COPIE A PALAVRA: _____.

C) QUANTAS VEZES ELA APARECE NA QUADRINHA? _____

**6** QUE PALAVRA DA QUADRINHA RIMA COM "JARDIM"?

_____

**7** VOCÊ CONHECE OUTRAS PALAVRAS QUE RIMAM COM "JARDIM"? ESCREVA-AS COMO SOUBER.

_____

_____

**8** CONVERSE COM OS COLEGAS E O PROFESSOR: VOCÊ GOSTA DE TEXTOS COM RIMAS? POR QUÊ?

**9** DESENHE UM PASSARINHO QUE VOCÊ GOSTARIA QUE CANTASSE PERTO DE VOCÊ E DÊ UM NOME A ELE.

NOME DO PASSARINHO: _____.

# ESTUDO DA ESCRITA

## QUANTAS LETRAS?

**1** ESTA QUADRINHA É TAMBÉM UMA ADIVINHA. ACOMPANHE A LEITURA E ADIVINHE O QUE É!

SOU UMA AVE BONITA
TENTE MEU NOME ESCREVER
LEIA DE TRÁS PARA A FRENTE
E O MESMO NOME IRÁ VER.

DOMÍNIO PÚBLICO.

A) DESCOBRIU QUAL É A AVE? ESCREVA O NOME DELA.

_____

B) COPIE DA QUADRINHA UMA PALAVRA COM TRÊS LETRAS.

_____

C) PINTE DE **AZUL** A PALAVRA QUE TEM MAIS LETRAS.

D) CIRCULE AS PALAVRAS QUE TÊM MENOS LETRAS.

**2** OBSERVE A IMAGEM E LEIA O NOME DELA.

A) COM QUE LETRA ESSA PALAVRA COMEÇA?

_____

B) COM QUE LETRA ELA TERMINA? _____

BOLA

C) QUANTAS LETRAS ELA TEM? _____

**3** FALE O NOME DOS DESENHOS E ESCREVA A LETRA QUE FALTA NAS PALAVRAS.

**B**OLA ____OCA ____ALA

____OLO ____OTA ____EBÊ

**4** OBSERVE AS IMAGENS E LEIA OS NOMES COM OS COLEGAS E O PROFESSOR.

BOLA SOLA MOLA COLA GOLA

A) PINTE AS LETRAS QUE ESTÃO EM TODAS AS PALAVRAS.

B) CIRCULE AS LETRAS QUE NÃO SE REPETEM.

C) QUANTAS LETRAS ESSAS PALAVRAS TÊM? _____

### AÍ VEM HISTÓRIA

O PROFESSOR VAI LER, NA PÁGINA 241, UM TEXTO QUE FALA DE UM MENINO E DE "FRITAR IDEIAS". OUÇA COM ATENÇÃO, MAS DEIXANDO A IMAGINAÇÃO SOLTA.

# VERSO DE QUADRINHA

A QUADRINHA QUE O PROFESSOR LERÁ A SEGUIR NÃO ESTÁ COMPLETA, FALTA O ÚLTIMO VERSO. ACOMPANHE A LEITURA.

LÁ NO FUNDO DO QUINTAL
TEM UM TACHO DE MELADO.
QUEM NÃO SABE CANTAR VERSO
_____

DOMÍNIO PÚBLICO.

AGORA CRIE O ÚLTIMO VERSO COM OS COLEGAS.

1. DIGAM AO PROFESSOR ALGUMAS PALAVRAS QUE RIMEM COM "MELADO" PARA ELE ESCREVER NA LOUSA. DEPOIS COPIEM AS PALAVRAS NAS LINHAS.

_____

_____

_____

2. O QUE VOCÊS GOSTARIAM DE DIZER NO ÚLTIMO VERSO? PENSEM E DITEM O VERSO AO PROFESSOR. USEM NO FIM DO VERSO UMA PALAVRA QUE RIME COM "MELADO".

3. COPIE O VERSO NA ÚLTIMA LINHA DA QUADRINHA.

4. AGORA RECITE A QUADRINHA COMPLETA COM OS COLEGAS.

# ORALIDADE

## DECLAMAÇÃO DE QUADRINHAS

SIGA A ORIENTAÇÃO DO PROFESSOR PARA MEMORIZAR E DECLAMAR UMA QUADRINHA PARA OS COLEGAS. PODE SER UMA DAS QUADRINHAS ABAIXO OU A QUADRINHA QUE VOCÊ COMPLETOU NA PÁGINA ANTERIOR.

PARA A DECLAMAÇÃO FICAR MAIS INTERESSANTE:

- DIGA OS VERSOS EM VOZ ALTA PARA QUE TODOS POSSAM OUVI-LO;
- OLHE PARA OS COLEGAS ENQUANTO FALA;
- FAÇA UMA PEQUENA PAUSA (PARADA) NO FIM DE CADA VERSO PARA ACENTUAR AS RIMAS.

EU AGORA VOU-ME EMBORA,
SÓ VOLTO NA SEMANA QUE VEM.
QUEM NÃO GOSTA DE MIM CHORA,
QUE DIRÁ QUEM ME QUER BEM.

DOMÍNIO PÚBLICO.

VOCÊ ME MANDOU CANTAR
PENSANDO QUE EU NÃO SABIA
POIS EU SOU QUE NEM CIGARRA
CANTO SEMPRE TODO DIA.

DOMÍNIO PÚBLICO.

 #DIGITAL

## ESCREVER BRINCANDO

VOCÊ JÁ USOU O COMPUTADOR PARA VER VÍDEOS OU JOGAR? QUE TAL AGORA USÁ-LO PARA BRINCAR COM O TRAÇADO DE LETRAS E NÚMEROS?

OUÇA AS ORIENTAÇÕES DO PROFESSOR E VAMOS COMEÇAR.

1. COM O *MOUSE*, ESCOLHA UM TIPO DE PINCEL PARA ESCREVER.
2. SEGURANDO O BOTÃO DO *MOUSE* NA TELA EM BRANCO, ESCREVA A PRIMEIRA LETRA DE SEU NOME.

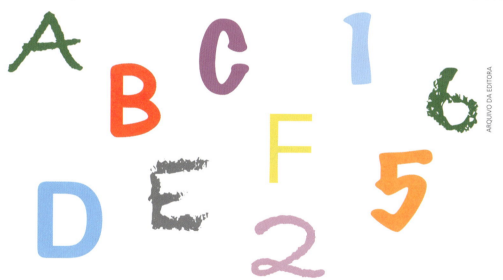

ARQUIVO DA EDITORA

3. AGORA ESCREVA AS VOGAIS QUE APARECEM EM SEU NOME.

LEMBRE-SE: AS VOGAIS SÃO **A, E, I, O, U**.

4. QUANTOS ANOS VOCÊ TEM? ESCOLHA UM PINCEL E UMA COR E ESCREVA O NÚMERO QUE REPRESENTA SUA IDADE.

# REVENDO O QUE APRENDI

**1** ACOMPANHE A LEITURA PRESTANDO ATENÇÃO NAS RIMAS.

LARANJEIRA PEQUENINA
CARREGADINHA DE FLORES
EU TAMBÉM SOU PEQUENINA
CARREGADINHA DE AMORES.

DOMÍNIO PÚBLICO.

A) QUAL PALAVRA DA QUADRINHA RIMA COM "FLORES"?

_____

B) A PALAVRA "PEQUENINA" APARECE QUANTAS VEZES NA QUADRINHA? _____

C) PINTE ESSA PALAVRA DE **VERDE**.

**2** FALE O NOME DAS IMAGENS, DEPOIS COMPLETE AS PALAVRAS ESCREVENDO A PRIMEIRA LETRA.

**G**ATO **P**ATO **B**ALA

____ALO ____ANELA ____ANANA

ILUSTRAÇÕES: CAROLINA SARTORIO

**3** QUANTAS LETRAS CADA PALAVRA TEM? CONTE E ESCREVA O NÚMERO NO QUADRINHO.

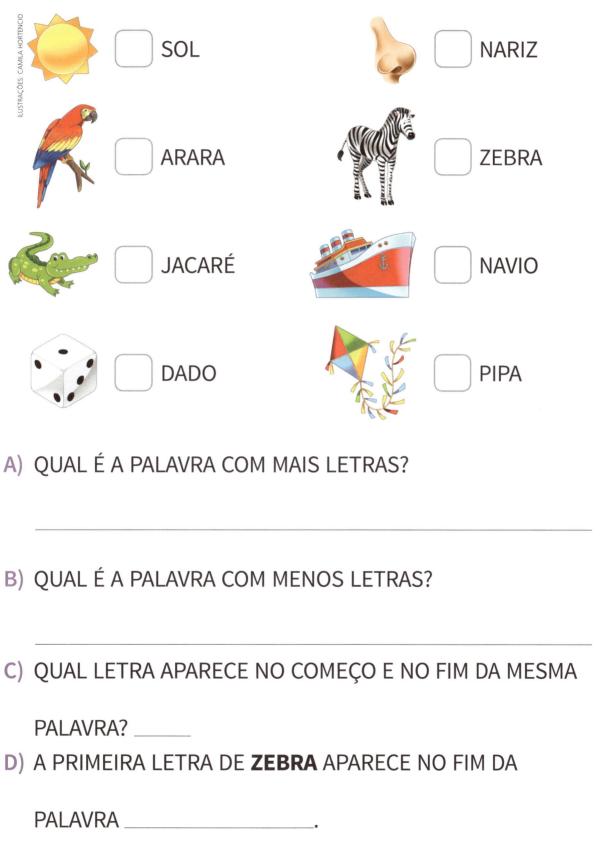

A) QUAL É A PALAVRA COM MAIS LETRAS?

_____

B) QUAL É A PALAVRA COM MENOS LETRAS?

_____

C) QUAL LETRA APARECE NO COMEÇO E NO FIM DA MESMA PALAVRA? _____

D) A PRIMEIRA LETRA DE **ZEBRA** APARECE NO FIM DA PALAVRA _____.

**4** PINTE OS DESENHOS E COPIE OS NOMES.

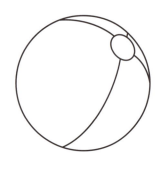

BOLA

BONECA

_____

_____

PIÃO

PIPA

_____

_____

**5** AS LETRAS ESTÃO EMBARALHADAS! COLOQUE-AS NA ORDEM CERTA E DESCUBRA O NOME DO JOGO.

O D M N I Ó

_____

# PARA IR MAIS LONGE

## LIVROS

▶ **DIA DE CHUVA**, DE ANA MARIA MACHADO. SÃO PAULO: SALAMANDRA, 2002.

EM DIAS DE CHUVA, AS ALMOFADAS DO SOFÁ SE TRANSFORMAM EM ELEFANTES E CARROÇAS, A MESA VIRA CAVERNA, A CAMA É UM NAVIO NO MAR, A VASSOURA É UM CAVALO...

▶ **DESAFIOS MUSICAIS**, DE ANA TATIT E MARISTELA LOUREIRO. SÃO PAULO: MELHORAMENTOS, 2014.

UMA SELEÇÃO DE 35 BRINCADEIRAS TRADICIONAIS PARA BRINCAR COM A FAMÍLIA OU COM OS AMIGOS. ACOMPANHA CD E DVD COM MÚSICAS E BRINCADEIRAS.

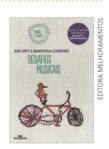

▶ **RINDO ESCONDIDO**, DE JOÃO PROTETI. CAMPINAS: PAPIRUS, 2012.

POEMAS ILUSTRADOS PELO PRÓPRIO AUTOR QUE AGRADAM NÃO SÓ ÀS CRIANÇAS, MAS A PESSOAS DE TODAS AS IDADES.

## SITE

▶ *SITE* **DO MENINO MALUQUINHO**. DISPONÍVEL EM: <www.omeninomaluquinho.com.br/Jogos/jogos.asp>. ACESSO EM: 11 JAN. 2017.

NO *SITE* DO MENINO MALUQUINHO, PERSONAGEM DO ESCRITOR ZIRALDO, HÁ JOGOS E PASSATEMPOS QUE VÃO DO NÍVEL FÁCIL AO DIFÍCIL. AJUSTE O NÍVEL E BRINQUE! SE QUISER, PEÇA AJUDA A UM ADULTO.

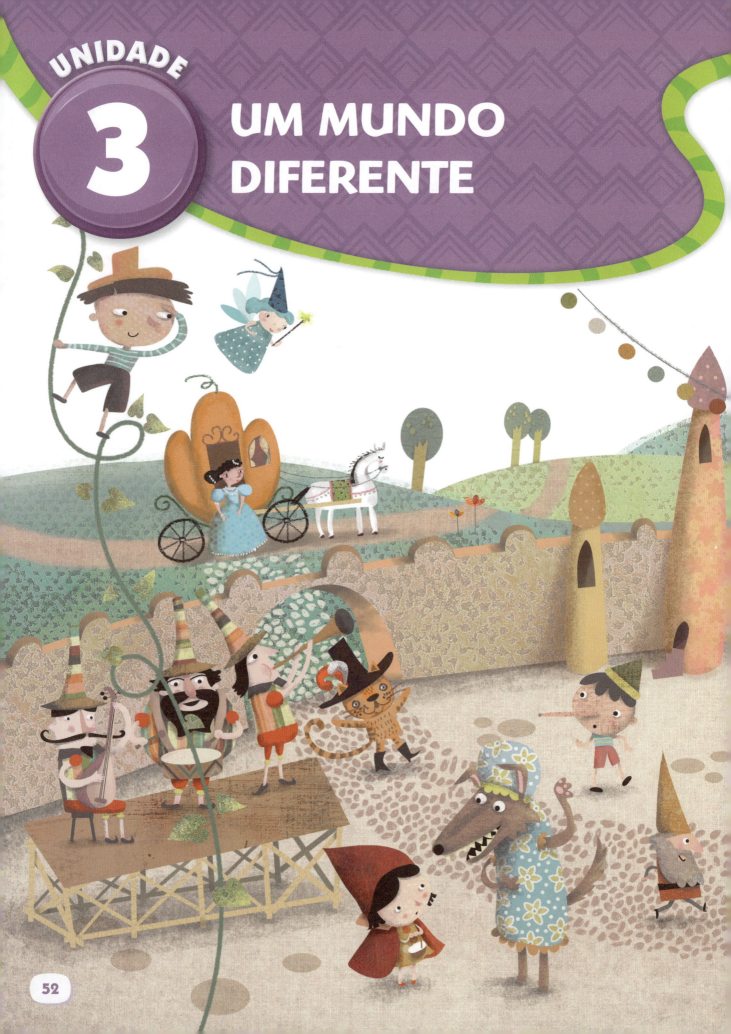

# UNIDADE 3
# UM MUNDO DIFERENTE

- ESTA IMAGEM FAZ VOCÊ SE LEMBRAR DE ALGUMA HISTÓRIA QUE JÁ OUVIU OU LEU? SE SIM, QUAL É A HISTÓRIA?
- QUE PERSONAGENS VOCÊ RECONHECE NA IMAGEM?
- QUAL TIPO DE HISTÓRIA VOCÊ GOSTA DE OUVIR?

# AJUDE OS PORQUINHOS!

VOCÊ CONHECE A HISTÓRIA DOS TRÊS PORQUINHOS? EM QUAL DAS CASAS ELES CONSEGUEM SE PROTEGER DO LOBO: NA DE PALHA, NA DE MADEIRA OU NA DE TIJOLOS?

**1** TRACE O CAMINHO QUE VAI DOS IRMÃOZINHOS À CASA MAIS RESISTENTE!

AGORA O PROFESSOR VAI CONTAR OUTRA HISTÓRIA. ELA COMEÇA ASSIM: UM VIÚVO TINHA UMA FILHA MUITO AMADA. ELE SE CASOU NOVAMENTE, MAS MORREU LOGO DEPOIS, DEIXANDO A MENINA COM A MADRASTA E AS FILHAS DELA.

**2** QUE CONTO É ESSE? OUÇA A CONTINUAÇÃO.

# CONTO DE FADAS

**CINDERELA**

[...]

AS TRÊS MULHERES INVEJAVAM A MENINA POR SUA BELEZA E RESOLVERAM TRANSFORMÁ-LA EM CRIADA.

CINDERELA VARRIA, LIMPAVA E COZINHAVA. [...]

CERTO DIA, FOI ANUNCIADO UM BAILE NO PALÁCIO E TODAS AS JOVENS DO REINO FORAM CONVIDADAS, POIS O PRÍNCIPE QUERIA ESCOLHER UMA ESPOSA.

E AGORA? CINDERELA VAI AO BAILE OU NÃO?

A POBRE CINDERELA [...] JAMAIS PODERIA APARECER NO BAILE VESTIDA COM OS TRAPOS QUE USAVA. ELA CHORAVA SEM PARAR, QUANDO SUA FADA-MADRINHA APARECEU...

– NÃO CHORE! – DISSE A FADA. – VIM PARA LEVÁ-LA AO BAILE...

E, COM SUA VARINHA MÁGICA, FEZ SURGIR UM VESTIDO MARAVILHOSO. DEPOIS TRANSFORMOU UMA ABÓBORA EM CARRUAGEM, OS RATOS EM CAVALOS E O GATO NUM ELEGANTE COCHEIRO.

– DIVIRTA-SE, MAS LEMBRE-SE DE QUE O ENCANTO DESAPARECERÁ À MEIA-NOITE – ADVERTIU A FADA.

ILUSTRAÇÕES: MARCOS MACHADO

SERÁ QUE CINDERELA VAI OUVIR AS BADALADAS DO RELÓGIO?

QUANDO CINDERELA ENTROU NO PALÁCIO, TODOS FICARAM ENCANTADOS COM SUA BELEZA. O PRÍNCIPE NÃO QUIS DANÇAR COM NENHUMA OUTRA DONZELA...

ENTÃO O RELÓGIO COMEÇOU A BATER AS DOZE BADALADAS DA MEIA-NOITE. CINDERELA DESCEU AS ESCADAS CORRENDO, [...] MAS ACABOU PERDENDO SEU SAPATINHO DE CRISTAL.

NO DIA SEGUINTE, O PRÍNCIPE, QUE ESTAVA APAIXONADO POR CINDERELA, ORDENOU QUE TODAS AS JOVENS DO REINO EXPERIMENTASSEM O SAPATINHO.

NA CASA DE CINDERELA, AS IRMÃS TENTARAM EM VÃO COLOCAR O SAPATINHO. FICARAM SURPRESAS QUANDO CINDERELA O CALÇOU...

O SAPATINHO SERVIU [...]. NO DIA SEGUINTE, TODO O REINO COMEMOROU O CASAMENTO DO PRÍNCIPE E CINDERELA, QUE VIVERAM FELIZES PARA SEMPRE.

CINDERELA. BARUERI: GIRASSOL, S.D. (COL. CLÁSSICOS DO MUNDO).

MARCOS MACHADO

**GLOSSÁRIO**

**BADALADA:** SOM PRODUZIDO PELAS BATIDAS DO PÊNDULO DO RELÓGIO.

PALÁCIO DE VERSALHES, VERSALHES, FRANÇA

A HISTÓRIA DE CINDERELA É CONHECIDA HÁ MUITOS ANOS. UM DOS PRIMEIROS A REGISTRAR ESSA NARRATIVA EM LIVRO FOI O FRANCÊS **CHARLES PERRAULT**. ELE NASCEU EM 1628 E MORREU EM 1703 E FICOU CONHECIDO POR TER ESCRITO VERSÕES DE CONTOS POPULARES ANTIGOS.

▶ PHILIPPE LALLEMAND. *RETRATO DE CHARLES PERRAULT*, 1672. ÓLEO SOBRE TELA, 1,34 M × 1 M.

# ESTUDO DO TEXTO

1. E ENTÃO? ANTES DE O PROFESSOR LER O TEXTO, VOCÊ CONSEGUIU IMAGINAR QUE A HISTÓRIA SERIA ASSIM? CONTE AOS COLEGAS.

2. QUEM É O PERSONAGEM MAIS IMPORTANTE NESSA HISTÓRIA?

___

> O PERSONAGEM QUE MAIS SE DESTACA EM UMA HISTÓRIA É O **PERSONAGEM PRINCIPAL**.

3. ESCREVA O NOME DE OUTROS PERSONAGENS QUE PARTICIPAM DA HISTÓRIA.

ILUSTRAÇÕES: MARCOS MACHADO

___

4. ONDE SE PASSA A HISTÓRIA? CIRCULE A IMAGEM.

ILUSTRAÇÕES: CAMILA HORTÊNCIO

**5** COMO TERMINA A HISTÓRIA?

**6** LEIA COM O PROFESSOR ESTAS EXPRESSÕES DO TEXTO. PINTE DE **MARROM** AS QUE INDICAM TEMPO E DE **VERDE** AS QUE INDICAM LUGAR.

- NO PALÁCIO
- CERTO DIA
- NA CASA DE CINDERELA
- NO DIA SEGUINTE
- À MEIA-NOITE
- PARA SEMPRE

**7** A HISTÓRIA DE CINDERELA PODERIA ACONTECER NA VIDA REAL?

☐ SIM.   ☐ NÃO.

◆ JUSTIFIQUE SUA RESPOSTA AOS COLEGAS E AO PROFESSOR.

**8** "CINDERELA" É UM **CONTO DE FADAS**.

A) VOCÊ CONHECIA ESSE CONTO?

B) SE VOCÊ CONHECE UMA VERSÃO DIFERENTE DA HISTÓRIA, CONTE-A AOS COLEGAS.

> ANTES DE OS **CONTOS DE FADAS** SEREM ESCRITOS, ELES ERAM CONTADOS ORALMENTE: OS MAIS VELHOS, QUE CONHECIAM AS HISTÓRIAS, CONTAVAM-NAS AOS MAIS NOVOS, E ASSIM ELAS FORAM PRESERVADAS MESMO SEM ESTAREM REGISTRADAS EM LIVROS.

**9** OBSERVE AS IMAGENS E PINTE SOMENTE AS QUE MOSTRAM CENAS DO CONTO "CINDERELA".

ILUSTRAÇÕES: MARCOS MACHADO

**10** DE QUAL PERSONAGEM DO CONTO VOCÊ GOSTOU MAIS? ESCREVA O NOME DELE COMO SOUBER.

_____

**11** VOCÊ ACHA QUE O CONTO "CINDERELA" ENSINA ALGO ÀS CRIANÇAS? O QUÊ?

# COMO EU VEJO
## PERSONAGENS DE CONTOS E FILMES

NOS CONTOS DE FADAS, É COMUM A JOVEM SER SALVA PELO PRÍNCIPE. É QUE ESSES CONTOS FORAM CRIADOS EM UM TEMPO ANTIGO. HOJE TEMOS OUTROS COSTUMES, E AS MULHERES CONQUISTARAM MUITOS DIREITOS. OS FILMES E LIVROS PRODUZIDOS AGORA MOSTRAM ESSA MUDANÇA.

A PRINCESA MERIDA, DO FILME *VALENTE*, NÃO QUER SE CASAR COM UM NOIVO ESCOLHIDO POR SEUS PAIS E É ÓTIMA NO ARCO E FLECHA.

TIANA, DO FILME *A PRINCESA E O SAPO*, É UMA PRINCESA DETERMINADA, QUE GOSTA DE SER INDEPENDENTE!

**A PRINCESA E O SAPO.** EUA, 2009. DISNEY/BUENA VISTA WALT DISNEY PICTURES/Album/Latinstock

**VALENTE.** EUA, 2012. DISNEY/BUENA VISTA Moviestore collection Ltd/Alamy/Glow Images

CHRISTIANE S. MESSIAS

FIONA, DO FILME *SHREK*, É MUITO CORAJOSA. ELA TEM UMA APARÊNCIA DIFERENTE DO PADRÃO DOS CONTOS DE FADAS TRADICIONAIS, MAS QUEM DISSE QUE TODA PRINCESA PRECISA SER IGUAL?

**SHREK.** EUA, 2001. UNIVERSAL PICTURES. Endless Travel/Alamy/Glow Images

60

CHIHIRO, DO FILME *A VIAGEM DE CHIHIRO*, NÃO É PRINCESA, MAS VIVE UMA GRANDE AVENTURA PARA LIBERTAR A FAMÍLIA DE UM FEITIÇO.

**A VIAGEM DE CHIHIRO.** JAPÃO, 2003
EUROPA FILMES.
Album/Album Cinema/Latinstock

DESENHE UMA MENINA OU UMA MULHER DA VIDA REAL QUE VOCÊ ADMIRA.

1. EM MUITOS CONTOS DE FADAS, O PERSONAGEM PRINCIPAL É MOSTRADO DESDE QUE NASCE ATÉ CRESCER, FICAR ADULTO.

   O QUE VOCÊ QUER SER QUANDO CRESCER? CONTE SEUS PLANOS AOS COLEGAS E OUÇA A RESPOSTA DELES.

# COMO EU TRANSFORMO
## PRINCESAS DOS DIAS DE HOJE

 HISTÓRIA  ARTE

### O QUE VAMOS FAZER?
TEATRO DE BONECOS.

### COM QUEM FAZER?
COM OS COLEGAS E O PROFESSOR.

### PARA QUE FAZER?
PARA RECONTAR UMA HISTÓRIA E PENSAR COMO ELA SERIA SE ACONTECESSE NOS DIAS DE HOJE.

### COMO FAZER?

1. PENSE EM UMA PRINCESA DE CONTO DE FADAS. DESENHE-A AO LADO E CONTE AOS COLEGAS POR QUE A ESCOLHEU.

2. O PROFESSOR ANOTARÁ NA LOUSA O NOME DA PRINCESA QUE CADA UM DE VOCÊS DESENHOU.

3. POR VOTAÇÃO, ESCOLHAM A HISTÓRIA DE UMA DELAS E CONVERSEM: E SE ESSE CONTO DE FADAS SE PASSASSE HOJE? O QUE A PRINCESA FARIA DE DIFERENTE?

4. O PROFESSOR VAI ORGANIZAR A TURMA EM GRUPOS PARA FAZER UM TEATRO DE BONECOS CONTANDO COMO FICARIA A HISTÓRIA SE ACONTECESSE NOS TEMPOS ATUAIS.

5. CADA GRUPO TERÁ UMA TAREFA, E VOCÊS SE APRESENTARÃO PARA CONVIDADOS NO DIA COMBINADO. VAMOS LÁ?

VOCÊ GOSTOU DE PARTICIPAR DESSA ATIVIDADE?
O QUE APRENDEU DE DIFERENTE?

# ORALIDADE

## RECONTO DE CONTO DE FADAS

OUVIR HISTÓRIAS É GOSTOSO, MAS CONTÁ-LAS TAMBÉM PODE SER DIVERTIDO. QUER VER?

1. O PROFESSOR VAI COMEÇAR A NARRAR A HISTÓRIA, E VOCÊ E OS COLEGAS VÃO AJUDÁ-LO CONTANDO A CONTINUAÇÃO. ENTÃO, QUANDO O PROFESSOR PEDIR, CONTINUE A CONTAR DO PONTO EM QUE ELE PAROU.

2. NA HORA DE FALAR:
   - COLOQUE-SE NA FRENTE DA TURMA;
   - FALE ALTO E PRONUNCIE AS PALAVRAS COM CLAREZA;
   - PARA QUE OS COLEGAS ENTENDAM O QUE VOCÊ ESTÁ CONTANDO, EXPLIQUE SEMPRE QUE PERSONAGEM DIZ CADA FALA, ONDE E QUANDO SE PASSAM AS CENAS.

3. PARA A CONTAÇÃO FICAR MAIS EXPRESSIVA E ENVOLVER OS COLEGAS, FAÇA GESTOS, USE A EXPRESSÃO DO ROSTO E MUDE O TOM DE VOZ, MOSTRANDO O SENTIMENTO DOS PERSONAGENS E REFORÇANDO OS MOMENTOS MAIS EMOCIONANTES DA HISTÓRIA.

MARCOS MACHADO

# ESTUDO DA ESCRITA

## SONS E LETRAS

**1** ACOMPANHE A LEITURA DO PROFESSOR E, DEPOIS, CANTE COM OS COLEGAS.

PIRULITO QUE BATE BATE
PIRULITO QUE JÁ BATEU
QUEM GOSTA DE MIM É ELA
QUEM GOSTA DELA SOU EU

DOMÍNIO PÚBLICO.

A) PINTE DE **AZUL** O PRIMEIRO VERSO.

B) PINTE DE **VERDE** O ÚLTIMO VERSO.

C) QUE PALAVRA DA CANTIGA RIMA COM "BATEU"?

_____

**2** LEIA COM OS COLEGAS E O PROFESSOR A PALAVRA ABAIXO.

PIRULITO

A) COM QUAL LETRA ESSA PALAVRA COMEÇA? _____

B) COM QUAL LETRA ELA TERMINA? _____

C) QUANTAS LETRAS ESSA PALAVRA TEM? _____

**3** LEIA O NOME DAS IMAGENS.

PANELA   BOLO   PEIXE   FITA

A) CIRCULE OS NOMES QUE COMEÇAM COM A MESMA LETRA QUE A PALAVRA **PIRULITO**.

B) COPIE OS NOMES QUE VOCÊ CIRCULOU.

_____

**4** FALE EM VOZ ALTA O NOME DESTES BRINQUEDOS E FRUTAS PRESTANDO ATENÇÃO NOS SONS. DEPOIS CIRCULE OS NOMES QUE COMEÇAM COM **P**, COMO **PIRULITO**.

PETECA   PATIM   BONECA

MORANGO   PERA   UVA

**5** COM OS COLEGAS E O PROFESSOR, FALE ALTO O NOME DAS IMAGENS E ESCREVA A LETRA QUE FALTA EM CADA PALAVRA.

____IMENTA     ____UDIM     ____OÇO     ____ENA

• QUE LETRA VOCÊ ESCREVEU EM TODAS AS PALAVRAS? ____

**6** FALE O NOME DAS IMAGENS, DEPOIS TROQUE A LETRA DESTACADA PELA LETRA **P** E DESCUBRA NOVAS PALAVRAS.

**G**ATO     ____ATO     **L**ATA     ____ATA

**D**ENTE     ____ENTE     SA**C**O     SA____O

# TEXTO 2 — CAPA DE LIVRO

1. VOCÊ JÁ FOLHEOU UM LIVRO DE HISTÓRIAS PARA VER AS IMAGENS OU TENTAR LER ALGUMAS PALAVRAS? CONTE AOS COLEGAS.

2. O QUE VOCÊ NOTA PRIMEIRO QUANDO PEGA UM LIVRO?

3. PARA QUE SERVE A CAPA DE UM LIVRO? CONVERSE COM OS COLEGAS, DEPOIS VEJA A REPRODUÇÃO DE UMA CAPA.

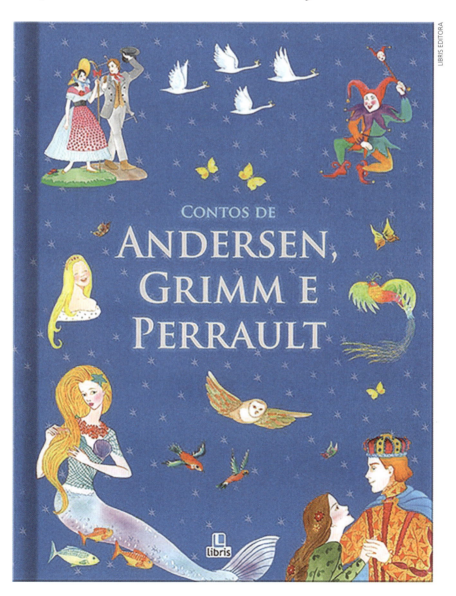

# ESTUDO DO TEXTO

**1** A CAPA DESSE LIVRO TEM:

☐ APENAS PALAVRAS.

☐ APENAS IMAGENS.

☐ PALAVRAS E IMAGENS.

**2** VOCÊ RECONHECE, NESSA CAPA, PERSONAGENS DE ALGUMA HISTÓRIA? QUAIS? SE RECONHECE, ESCREVA O NOME DELES COMO SOUBER.

_____

_____

_____

**3** COM A AJUDA DO PROFESSOR, CIRCULE O NOME DOS AUTORES QUE ESCREVERAM OS CONTOS DESSE LIVRO.

**4** OS LEITORES DESSE LIVRO SÃO:

☐ CRIANÇAS E ADOLESCENTES.

☐ ADULTOS.

**5** VOCÊ GOSTOU DESSA CAPA DE LIVRO?

☐ SIM.   ☐ NÃO.

◆ JUSTIFIQUE SUA RESPOSTA AOS COLEGAS E AO PROFESSOR.

68

**6** O LIVRO *CONTOS DE ANDERSEN, GRIMM E PERRAULT* TEM VÁRIOS CONTOS DE FADAS. VOCÊ ACHA QUE A CAPA DO LIVRO FAZ AS PESSOAS SENTIREM VONTADE DE LER ESSES CONTOS? POR QUÊ?

**7** AGORA OBSERVE A REPRODUÇÃO DE OUTRA CAPA E PROCURE LER TUDO O QUE ESTÁ ESCRITO NELA.

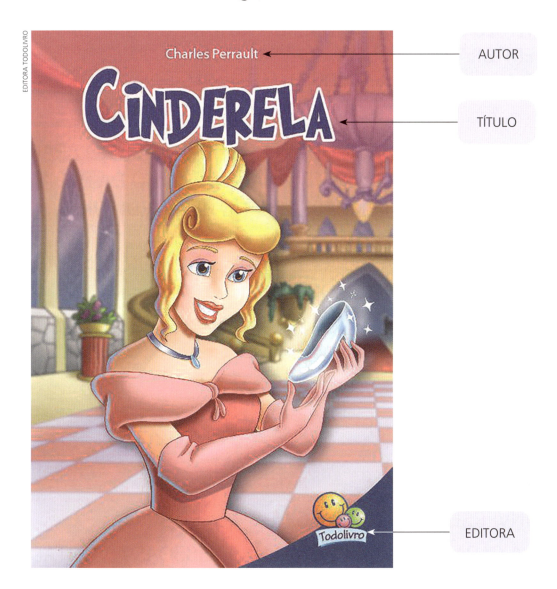

**A)** QUAL É O TÍTULO DO LIVRO?

_____

**B)** O AUTOR DESSE LIVRO É:

☐ PEDRO BANDEIRA.

☐ CHARLES PERRAULT.

**C)** O NOME DA EDITORA É: _____.

> NAS **CAPAS DE LIVRO**, GERALMENTE APARECEM O **TÍTULO DO LIVRO**, O **NOME DO AUTOR** E O **NOME DA EDITORA** QUE PUBLICOU O LIVRO. COSTUMA APARECER TAMBÉM UMA IMAGEM QUE TEM RELAÇÃO COM A HISTÓRIA.

**8** AGORA VOCÊ JÁ SABE QUE NAS CAPAS DE LIVRO APARECE O NOME DA EDITORA. VOLTE À CAPA DE LIVRO DA PÁGINA 67 E PASSE UM TRAÇO EMBAIXO DO NOME DA EDITORA.

**9** VOCÊ GOSTOU DA CAPA DE *CINDERELA*? POR QUÊ? ESCREVA A RESPOSTA COMO SOUBER.

_____

_____

_____

**10** CONVERSE COM OS COLEGAS.

**A)** A CAPA PODE DESPERTAR NAS PESSOAS A VONTADE DE LER UM LIVRO? JUSTIFIQUE SUA RESPOSTA.

**B)** ALÉM DE DAR AO LEITOR UMA IDEIA DO CONTEÚDO DO LIVRO, QUE OUTRA FUNÇÃO A CAPA TEM?

# ESTUDO DA ESCRITA

## NÚMERO DE LETRAS E ORDEM ALFABÉTICA

**1** QUANTAS LETRAS CADA PALAVRA TEM? CONTE E ESCREVA OS NÚMEROS NOS QUADRINHOS.

PÃO ☐ SAPATO ☐ PIANO ☐

COPO ☐ PALÁCIO ☐ PRÍNCIPE ☐

• COPIE A PALAVRA FORMADA POR MENOS LETRAS.

---

**2** UMA PROFESSORA DE MÚSICA TEM DE ORGANIZAR O NOME DOS ALUNOS EM ORDEM ALFABÉTICA. VAMOS AJUDÁ-LA?

ALBERTO   PERLA   TIAGO   DENISE   GISLAINE

A) COM O PROFESSOR, LEIA O NOME DAS CRIANÇAS E CIRCULE A PRIMEIRA LETRA DE CADA NOME.

**B)** PINTE NO ALFABETO A PRIMEIRA LETRA DOS NOMES.

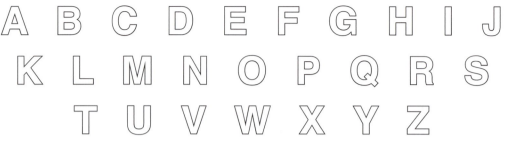

**C)** COPIE OS NOMES NA ORDEM ALFABÉTICA.

_____

_____

**3** NUMERE AS IMAGENS DE ACORDO COM A ORDEM ALFABÉTICA DO NOME DELAS. PRESTE ATENÇÃO NA PRIMEIRA LETRA DE CADA NOME.

**4** QUE TAL CRIAR UMA AGENDA DE ANIVERSÁRIOS? SIGA A ORIENTAÇÃO DO PROFESSOR E ESCREVA O NOME E A DATA DO ANIVERSÁRIO DE ALGUNS COLEGAS.

| NOME | DATA DO ANIVERSÁRIO |
|---|---|
|  |  |

## AÍ VEM HISTÓRIA

ERA UMA VEZ UMA PRINCESA. UM DIA, ELA DISSE "NÃO" PELA PRIMEIRA VEZ, E O PAI DELA COLOCOU-A DE CASTIGO. MAS O CASTIGO VIROU UMA SORTE! OUÇA A LEITURA DO TEXTO DA PÁGINA 242.

## PRODUÇÃO DE TEXTO

### RECONTO DE NARRATIVA INFANTIL

VOCÊ OUVIU TRECHOS DO LIVRO *A PRINCESA QUE ESCOLHIA*, DE ANA MARIA MACHADO. AGORA, VOCÊ E OS COLEGAS VÃO RELEMBRAR A HISTÓRIA E RECONTÁ-LA PARA O PROFESSOR. ELE IRÁ REGISTRÁ-LA NA LOUSA E, AO FINAL, TODOS COPIARÃO A HISTÓRIA NO CADERNO.

### PREPARAÇÃO

O PROFESSOR LERÁ NOVAMENTE O TEXTO *A PRINCESA QUE ESCOLHIA* PARA VOCÊ RELEMBRAR A HISTÓRIA. EM SEGUIDA, CONVERSE COM OS COLEGAS SOBRE AS PERGUNTAS ABAIXO.

1. O TEXTO TEM TRÊS PERSONAGENS PRINCIPAIS. QUEM SÃO ELES?

2. ALÉM DOS TRÊS PERSONAGENS PRINCIPAIS, QUE OUTROS PERSONAGENS FAZEM PARTE DA HISTÓRIA?

3. COMO SÃO OS PERSONAGENS PRINCIPAIS DA HISTÓRIA? FALE SOBRE ALGUMAS CARACTERÍSTICAS DELES.

4. QUAIS SÃO OS ACONTECIMENTOS MAIS IMPORTANTES DA HISTÓRIA?

5. OS FATOS DESSA HISTÓRIA OCORREM DE DIA OU DE NOITE?

6. ONDE A HISTÓRIA SE PASSA?

## PRODUÇÃO E REGISTRO DO RECONTO

COM OS COLEGAS, RECONTE A HISTÓRIA AO PROFESSOR, QUE VAI ESCREVÊ-LA NA LOUSA.

### REVISÃO

1. LEIA O TEXTO ESCRITO PELO PROFESSOR NA LOUSA.
   - FALTA CONTAR ALGUMA PARTE DA HISTÓRIA?
   - TODOS OS PERSONAGENS PRINCIPAIS APARECEM?
   - VOCÊS DISSERAM ONDE SE PASSA A HISTÓRIA?
2. PEÇA AO PROFESSOR QUE MUDE O QUE FOR NECESSÁRIO NO TEXTO.

### AVALIAÇÃO

1. FORME UM CÍRCULO COM OS COLEGAS E O PROFESSOR E AVALIEM O RECONTO DA HISTÓRIA.
   - FOI FÁCIL RECONTAR A HISTÓRIA DEPOIS DE OUVIR A LEITURA DO PROFESSOR?
   - VOCÊ ACHA QUE SERIA PRECISO OUVIR MAIS UMA VEZ A NARRATIVA PARA DECORAR TODOS OS DETALHES?
   - QUANDO RECONTARAM A HISTÓRIA PARA O PROFESSOR, VOCÊ E SEUS COLEGAS SE LEMBRARAM DE TODOS OS ACONTECIMENTOS, PERSONAGENS E LUGARES ONDE A HISTÓRIA SE PASSA?

## REVENDO O QUE APRENDI

**1** OBSERVE A CAPA DE OUTRO LIVRO.

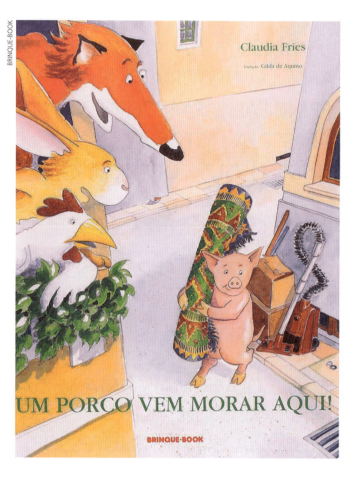

A) PASSE UM TRAÇO EMBAIXO DO TÍTULO DO LIVRO.

B) CIRCULE O NOME DA AUTORA.

C) MARQUE COM UM **X** O NOME DA EDITORA.

D) QUEM VOCÊ IMAGINA QUE É O PERSONAGEM PRINCIPAL DESSA HISTÓRIA?

_____

_____

E) PELA CAPA, QUEM SÃO OS OUTROS PERSONAGENS DO LIVRO? ESCREVA COMO SOUBER.

_____

F) COPIE DO TÍTULO DO LIVRO UMA PALAVRA QUE COMEÇA COM **P**.

_____

G) QUANTAS LETRAS TEM ESSA PALAVRA?

_____

**2** LEIA AS PALAVRAS EM VOZ ALTA, DEPOIS PINTE UM QUADRADINHO PARA CADA LETRA.

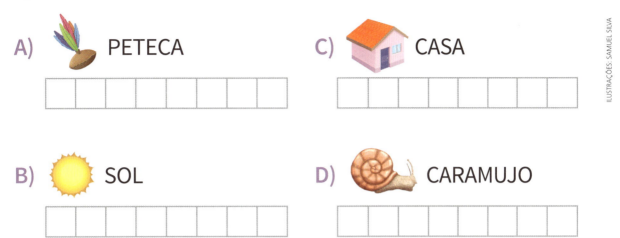

A) PETECA

C) CASA

B) SOL

D) CARAMUJO

**3** LEIA AS PALAVRAS COM O PROFESSOR.

PINTE:

- DE **VERDE** A PALAVRA QUE COMEÇA COM **A**;
- DE **AZUL** A PALAVRA QUE COMEÇA COM **B**;
- DE **LARANJA** A PALAVRA QUE COMEÇA COM **C**;
- DE **ROSA** A PALAVRA QUE COMEÇA COM **D**.

**4** O PROFESSOR VAI FAZER UM DITADO DE LETRAS: ELE DIZ O NOME DE UMA LETRA E VOCÊ A ESCREVE. VAMOS LÁ?

**5** OBSERVE AS IMAGENS E FALE O NOME DELAS.

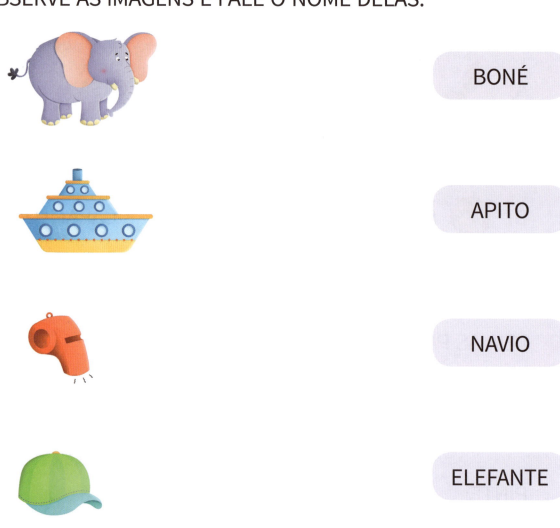

A) LIGUE CADA IMAGEM AO SEU NOME.
B) ESCREVA OS NOMES NA ORDEM ALFABÉTICA OBSERVANDO A PRIMEIRA LETRA DE CADA PALAVRA.

_____

_____

_____

_____

# PARA IR MAIS LONGE

## LIVROS

▶ **ALFABETO ESCALAFOBÉTICO**, DE CLÁUDIO FRAGATA. SÃO PAULO: JUJUBA, 2013.

AS LETRAS SE JUNTAM E FORMAM PALAVRAS ENGRAÇADAS, COMO **PIRILAMPO**, OU PESADAS, COMO **HIPOPÓTAMO**. NESSE LIVRO, VOCÊ VAI CONHECER MELHOR O ALFABETO E AS PALAVRAS!

▶ **JOÃO E O PÉ DE FEIJÃO**, DE RUTH ROCHA. SÃO PAULO: SALAMANDRA, 2010.

UM GAROTO, ALGUNS FEIJÕES MÁGICOS, UM GIGANTE E UM TESOURO. TUDO ISSO JUNTO VIRA UMA GRANDE AVENTURA.

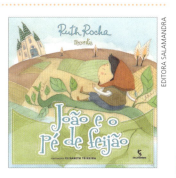

▶ **OS TRÊS PORQUINHOS**, DE ANA MARIA MACHADO. SÃO PAULO: FTD, 2004.

TRÊS PORQUINHOS RESOLVEM SAIR PELO MUNDO EM BUSCA DE AVENTURAS, MAS PRECISAM SE PROTEGER DO LOBO MAU.

## FILME

▶ **SHREK**. DIREÇÃO DE ANDREW ADAMSON E VICKY JENSON. ESTADOS UNIDOS, 2001, 93 MIN.

SHREK RECEBE A MISSÃO DE SALVAR A PRINCESA FIONA DE UM DRAGÃO. QUANDO A CONHECE, PERCEBE QUE ELES TÊM MUITO EM COMUM.

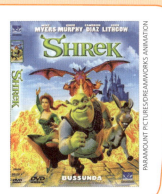

- OBSERVE A ILUSTRAÇÃO. QUE LUGAR É ESTE E O QUE AS PESSOAS ESTÃO FAZENDO?
- TENTE IDENTIFICAR OS PRODUTOS MOSTRADOS NA IMAGEM. VOCÊ CONHECE TODOS ELES?
- QUAL GOSTARIA DE EXPERIMENTAR? POR QUÊ?

# BINGO DOS ALIMENTOS

RECORTE NOVE FIGURAS DA PÁGINA 309 E COLE-AS ABAIXO. DEPOIS, SIGA AS ORIENTAÇÕES DO PROFESSOR E DIVIRTA-SE COM O **BINGO DOS ALIMENTOS**!

**1** OS ALIMENTOS MOSTRADOS NO BINGO SÃO SAUDÁVEIS E SABOROSOS. VOCÊ CONHECE OUTROS ALIMENTOS QUE FAZEM BEM À SAÚDE? QUAIS?

**2** A SEGUIR, O PROFESSOR VAI LER UM TEXTO CHAMADO "VITAMINA DE MAÇÃ, BANANA E PERA". PELO TÍTULO, O QUE VOCÊ ACHA QUE O TEXTO DIZ?

# TEXTO 1 — RECEITA

## VITAMINA DE MAÇÃ, BANANA E PERA

### INGREDIENTES

- 1 MAÇÃ COM CASCA CORTADA EM PEDAÇOS
- 1 BANANA CORTADA EM RODELAS
- 1 PERA COM CASCA CORTADA EM PEDAÇOS
- 250 ML DE LEITE
- CUBOS DE GELO

### MODO DE PREPARO

JUNTE TODOS OS INGREDIENTES NO LIQUIDIFICADOR. BATA BEM ATÉ QUE AS FRUTAS ESTEJAM TRITURADAS E A MISTURA FIQUE HOMOGÊNEA. SIRVA EM UM COPO COM CANUDO GROSSO.

DISPONÍVEL EM: <http://vivomaissaudavel.com.br/alimentacao/alimentacao-infantil/blinde-o-corpo-do-seu-filho-com-3-vitaminas-de-frutas/>. ACESSO EM: 2 JUN. 2017.

### GLOSSÁRIO

**HOMOGÊNEO:** DE APARÊNCIA UNIFORME, SEM PEDAÇOS APARENTES.
**ML:** MILILITRO.

### IMPORTANTE!

PEÇA AJUDA A UM ADULTO SE FOR PREPARAR A RECEITA.

# ESTUDO DO TEXTO

**1** CONVERSE COM OS COLEGAS E FAÇA UM **X** NA RESPOSTA CERTA. O TEXTO "VITAMINA DE MAÇÃ, BANANA E PERA":

☐ CONTA UMA HISTÓRIA.     ☐ FAZ UM CONVITE.

☐ ENSINA UMA RECEITA.

**2** O QUE A RECEITA ENSINA A FAZER?

☐ SALADA.     ☐ BOLO.     ☐ VITAMINA.

**3** A RECEITA ESTÁ ORGANIZADA EM DUAS PARTES. QUAIS?

☐ PERSONAGENS.     ☐ INGREDIENTES.

☐ MODO DE PREPARO.     ☐ FIM.

**4** CIRCULE OS INGREDIENTES DA VITAMINA DE MAÇÃ, BANANA E PERA.

5 PARA COZINHAR, O QUE É PRECISO CONHECER PRIMEIRO: OS INGREDIENTES OU O MODO DE PREPARO?

6 RELEIA O MODO DE PREPARO DA VITAMINA.

**MODO DE PREPARO**

JUNTE TODOS OS INGREDIENTES NO LIQUIDIFICADOR. BATA BEM ATÉ QUE AS FRUTAS ESTEJAM TRITURADAS E A MISTURA FIQUE HOMOGÊNEA. SIRVA EM UM COPO COM CANUDO GROSSO.

A) ESSA RECEITA É PRÓPRIA PARA AS CRIANÇAS FAZEREM SOZINHAS? POR QUÊ?

B) QUE CUIDADOS DEVEMOS TOMAR NA COZINHA PARA EVITAR ACIDENTES?

7 ENTRE OS INGREDIENTES DA VITAMINA, ESTÃO UMA MAÇÃ, UMA BANANA E UMA PERA.

A) CIRCULE NA RECEITA O NOME DESSAS FRUTAS.

B) DESENHE SUA FRUTA PREFERIDA E ESCREVA O NOME DELA. SE PRECISAR, PEÇA AJUDA AO PROFESSOR.

**8** NA PARTE DOS INGREDIENTES, APARECEM NÚMEROS.

**A)** VOLTE À PÁGINA 83 E PINTE-OS DE **VERDE**.

**B)** PARA QUE SERVEM OS NÚMEROS NESSA RECEITA?

**9** RELEIA ESTE INGREDIENTE COM A AJUDA DO PROFESSOR.

- 250 ML DE LEITE

**A)** 250 ML DE LEITE CORRESPONDEM A MAIS OU MENOS UM COPO DE LEITE. DESENHE UM COPO DE LEITE NO LUGAR DA INFORMAÇÃO "250 ML".

- 1 _____ DE LEITE

**B)** VOCÊ ACHA QUE, COM A IMAGEM, FICA MAIS FÁCIL ENTENDER A RECEITA? POR QUÊ?

AS **RECEITAS** ENSINAM COMO PREPARAR UM ALIMENTO OU UMA BEBIDA. PARA ISSO, PODEM SER DIVIDIDAS EM DUAS PARTES: **INGREDIENTES** E **MODO DE PREPARO**.

**10** COPIE O NOME DA RECEITA, CADA PALAVRA EM UM ESPAÇO. VITAMINA DE MAÇÃ, BANANA E PERA.

# ESTUDO DA ESCRITA

## SÍLABAS

**1** LEIA EM VOZ ALTA A PALAVRA QUE OS ALUNOS FORMARAM.

QUANTAS LETRAS ELA TEM? _____

**2** LEIA A PALAVRA EM VOZ ALTA NOVAMENTE PRESTANDO ATENÇÃO NOS SONS E BATENDO PALMAS, UMA VEZ PARA CADA PARTE QUE OS ALUNOS FORMARAM.

**3** EM QUANTAS PARTES MENORES O SOM DA PALAVRA

**VITAMINA** SE DIVIDE? _____

QUANDO FALAMOS UMA PALAVRA EM VOZ ALTA, PERCEBEMOS QUE ELA SE DIVIDE EM PARTES MENORES, AS **SÍLABAS**.

**4** PINTE DE **AZUL** A PRIMEIRA SÍLABA.

# VITAMINA

**A)** LEIA A SÍLABA QUE VOCÊ PINTOU.

**B)** ESCREVA A SÍLABA **VI** E FORME OUTRAS PALAVRAS.

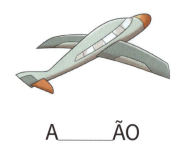 

A_____ÃO _____OLÃO

**5** LIGUE AS PALAVRAS AOS DESENHOS, DEPOIS CIRCULE A SÍLABA **VI**.

TELEVISÃO

ERVILHA

VIOLINO

GAVIÃO

**6** COM OS COLEGAS E O PROFESSOR, LEIA O NOME DA FRUTA BATENDO PALMAS A CADA SÍLABA.

**BA-NA-NA**

A) QUANTAS SÍLABAS A PALAVRA **BANANA** TEM? _____

B) CIRCULE A SEGUNDA SÍLABA DESSA PALAVRA.

C) PASSE UM TRAÇO EMBAIXO DA ÚLTIMA SÍLABA.

**7** ESCREVA NO QUADRINHO VAZIO A PRIMEIRA SÍLABA DE **BANANA**.

[      ] [ LA ]

- AGORA JUNTE AS SÍLABAS DOS DOIS QUADRINHOS E FORME O NOME DA IMAGEM.

_____

**8** COM A PRIMEIRA SÍLABA DE **BANANA**, COMPLETE OS NOMES.

_____RATA          _____TATA

A) ESCREVA NOS QUADRINHOS AS SÍLABAS DE **BATATA**.

[   ] [   ] [   ]

B) QUAL DESTAS PALAVRAS COMEÇA COM A ÚLTIMA SÍLABA DE **BATATA**? MARQUE-A COM UM **X**.

| TATU | TELA | TIME | TOMATE | TUCANO |

**9** JUNTE AS SÍLABAS **DESTACADAS** E FORME UMA PALAVRA.

**V**IOLA + **TA**TU + **MI**CO + BA**NA**NA: _____

89

# SONS, LETRAS E PALAVRAS

**1** O PROFESSOR VAI LER AS FRASES ABAIXO. OUÇA-O E ESCREVA A PRIMEIRA LETRA DAS PALAVRAS DESTACADAS CONFORME O SOM DELAS.

A) RUA É O MESMO QUE ___IA.

B) QUANDO QUER CARINHO, O GATO ___IA.

C) PARA LAVAR AS MÃOS, USAMOS A ___IA.

D) A IRMÃ DA MÃE É A ___IA.

E) DEPOIS DA NOITE, VEM O ___IA.

**2** SIGA A ORIENTAÇÃO DO PROFESSOR E BRINQUE DE **JOGO DA MEMÓRIA**.

# TEXTO 2 — LISTA

**1** O QUE É, O QUE É?

- OS ADULTOS FAZEM QUANDO VÃO AO MERCADO E NÃO QUEREM SE ESQUECER DE COMPRAR NADA.
- O PROFESSOR CONSULTA PARA SABER O NOME DOS ALUNOS.

**DICA:** AS DUAS ADIVINHAS TÊM A MESMA RESPOSTA.

**2** O TEXTO QUE O PROFESSOR VAI LER A SEGUIR É UMA LISTA. OBSERVE-A. VOCÊ CONSEGUE LER ALGUMA PALAVRA SOZINHO? QUE LISTA É ESSA?

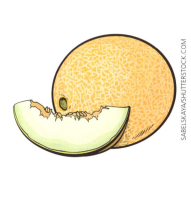

- FEIJÃO
- ARROZ
- BATATA
- FARINHA DE TRIGO
- ÓLEO
- VINAGRE
- OVOS
- BANANA
- MACARRÃO
- CEBOLA
- MELÃO
- TOMATE
- LIMÃO

# ESTUDO DO TEXTO

**1** FAÇA UM **X** NA RESPOSTA CERTA. O PROFESSOR LEU UMA LISTA DE:

☐ ALIMENTOS.

☐ PRODUTOS DE LIMPEZA.

☐ MATERIAL ESCOLAR.

**2** NESSA LISTA, AS PALAVRAS ESTÃO ORGANIZADAS UMA AO LADO DA OUTRA OU FORMAM UMA COLUNA?

_____

**3** CIRCULE O LUGAR ONDE PODEMOS COMPRAR PRODUTOS COMO OS DA LISTA.

**4** CONVERSE COM OS COLEGAS.

A) PARA QUE SERVEM LISTAS COMO A QUE O PROFESSOR LEU?

B) QUANDO AS PESSOAS COSTUMAM FAZER LISTAS ASSIM?

C) VOCÊ JÁ PRECISOU ESCREVER UMA LISTA? CONTE AOS COLEGAS O QUE VOCÊ ESCREVEU.

**5** LEIA AS LISTAS COM OS COLEGAS E O PROFESSOR.

**LISTA 1**
- SABÃO
- DETERGENTE
- VASSOURA
- ESPONJA

**LISTA 2**
- BANANA
- MAÇÃ
- PERA
- LARANJA

**LISTA 3**
- ABACATE
- MELÃO
- PERA
- SABÃO

A) QUAL LISTA TEM APENAS NOMES DE FRUTA?

☐ LISTA 1. ☐ LISTA 2. ☐ LISTA 3.

B) QUAL LISTA TEM APENAS PRODUTOS DE LIMPEZA?

☐ LISTA 1. ☐ LISTA 2. ☐ LISTA 3.

C) ESCREVA O NOME DA PRIMEIRA LETRA DE CADA PALAVRA DA LISTA 2.

_____

**LISTAS** SÃO RELAÇÕES DE NOMES QUE PODEM SER USADAS EM VÁRIAS SITUAÇÕES. EXISTEM LISTAS DE COMPRAS, LISTAS DE CHAMADA, LISTA DE FILMES PARA VER ETC.

**6** AGORA É COM VOCÊ! FAÇA COMO SOUBER UMA LISTA COM O NOME DE SEUS ALIMENTOS PREFERIDOS.

_____

_____

_____

## SONS, LETRAS E SÍLABAS

**1** VAMOS BRINCAR DE TRAVA-LÍNGUA? TENTE DIZER RÁPIDO SEM SE ATRAPALHAR!

UM TIGRE, DOIS TIGRES, TRÊS TIGRES.

DOMÍNIO PÚBLICO.

**2** O PRÓXIMO TRAVA-LÍNGUA É UM DESAFIO! LEIA-O COM O PROFESSOR.

NUM NINHO DE MAFAGAFOS,
SEIS MAFAGAFINHOS HÁ;
QUEM OS DESMAFAGAFIZAR
BOM DESMAFAGAFIZADOR SERÁ.

DOMÍNIO PÚBLICO.

**A)** **MAFAGAFO** É UMA PALAVRA INVENTADA. COMO VOCÊ IMAGINA OS MAFAGAFOS? CONTE AOS COLEGAS.

**B)** NO ESPAÇO ACIMA, ILUSTRE O TRAVA-LÍNGUA DE ACORDO COM SUA IMAGINAÇÃO E MOSTRE SUA PRODUÇÃO AOS COLEGAS E AO PROFESSOR.

**3** COPIE CADA LETRA EM UM QUADRINHO.

MAFAGAFO: ☐ ☐ ☐ ☐ ☐ ☐ ☐ ☐

A) **MAFAGAFO** TEM _____ LETRAS.

B) QUAL CONSOANTE APARECE DUAS VEZES? _____

C) QUAL VOGAL APARECE TRÊS VEZES? _____

**4** OS MAFAGAFOS ESTÃO ESCONDIDOS NA MOITA! TRACE O CAMINHO QUE VAI DOS MAFAGAFOS AO NINHO.

DICA: O CAMINHO CERTO TEM APENAS PALAVRAS COMEÇADAS COM **F**.

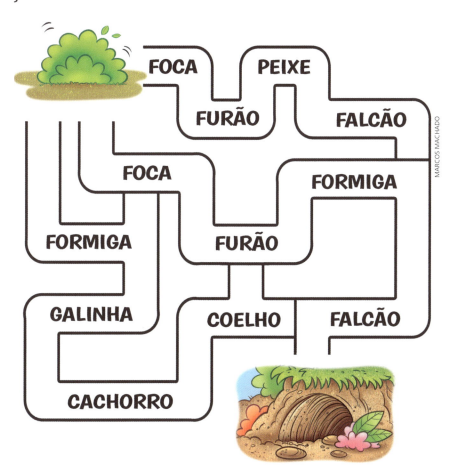

**5** ESCREVA AS PALAVRAS DO CAMINHO CERTO.

______________________________________________

**6** COPIE O NOME DESTE ANIMAL COLOCANDO UMA LETRA EM CADA QUADRINHO.

BRUNA ISHIHARA

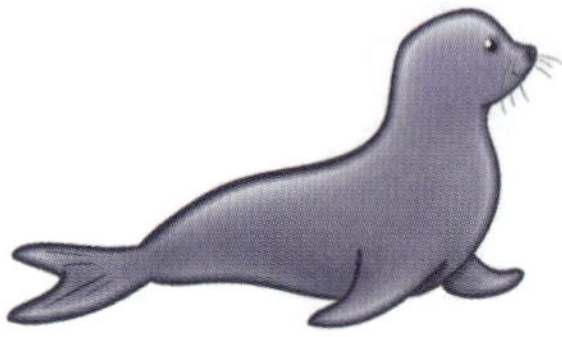

F O C A

| | | | |
|---|---|---|---|
| | | | |

A) **FOCA** TEM __________ LETRAS.

B) DIGA **FOCA** EM VOZ ALTA. QUANTAS SÍLABAS ESSA PALAVRA TEM? __________

C) ESCREVA UMA SÍLABA EM CADA QUADRINHO.

**F O C A**

| | |
|---|---|
| | |

**7** FAÇA TROCAS NA PALAVRA **FOCA** E FORME NOVAS PALAVRAS.

A) TROQUE **O** POR **A** E ESCREVA:

______________________________.

ILUSTRAÇÕES: ESTÚDIO ORNITORRINCO

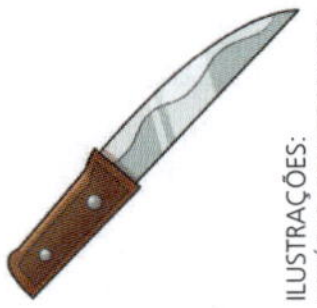

B) TROQUE **F** POR **B** E ESCREVA:

______________________________.

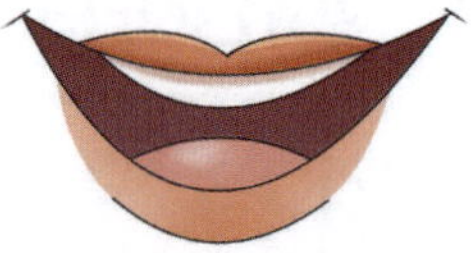

C) TROQUE **CA** POR **GO** E ESCREVA:

______________________________.

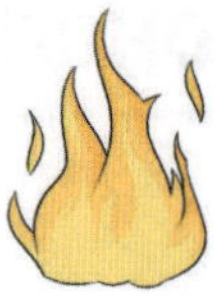

**8** MONTE A PALAVRA **MAFAGAFO** COM O ALFABETO MÓVEL.

A) FALE **MAFAGAFO** COM OS COLEGAS E O PROFESSOR, PRONUNCIANDO SÍLABA POR SÍLABA E BATENDO PALMAS, UMA VEZ PARA CADA SÍLABA.

B) SEPARE AS SÍLABAS DA PALAVRA QUE VOCÊ MONTOU E LEIA NOVAMENTE AS SÍLABAS.

C) A PALAVRA **MAFAGAFO** TEM _____ SÍLABAS.

D) COPIE A SEGUNDA SÍLABA: _____.

**9** COM A SÍLABA **FA**, ESCREVEMOS OUTRAS PALAVRAS.

A) DIGA EM VOZ ALTA O NOME DOS DESENHOS.

B) PINTE AS FIGURAS QUE TÊM **FA** NO NOME.

ILUSTRAÇÕES: BRUNA ISHIHARA

**10** DIGA ALTO O NOME DAS IMAGENS. CONFORME O SOM DAS PALAVRAS, COMPLETE-AS COM AS SÍLABAS **FA** OU **FI**.

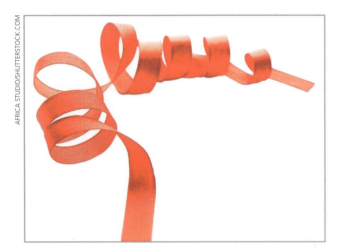

_____TA

ALMO_____DA

GOL_____NHO

GIRA_____

### AÍ VEM HISTÓRIA

A GALINHA CRISTA RUIVA QUER PREPARAR PÃEZINHOS. SERÁ QUE O PORCO, O PATO E O GATO VÃO AJUDÁ-LA? OUÇA A LEITURA DO TEXTO DA PÁGINA 246.

## UM POUCO MAIS SOBRE

## ALIMENTAÇÃO

VOCÊ SABIA QUE NOSSA ALIMENTAÇÃO PODE NOS DEIXAR MAIS SAUDÁVEIS E BEM-DISPOSTOS? AQUI VÃO ALGUMAS INFORMAÇÕES:

SAL, AÇÚCAR E GORDURA DEMAIS PODEM FAZER MAL À SAÚDE. ATENÇÃO: ÀS VEZES ESSES INGREDIENTES ESTÃO "DISFARÇADOS" NO ALIMENTO E EXAGERAMOS NO CONSUMO SEM PERCEBER!

ALGUNS PRODUTOS COM MUITO SAL, AÇÚCAR E GORDURA: SALGADINHOS E CONGELADOS INDUSTRIALIZADOS, BOLACHAS RECHEADAS, REFRIGERANTES E SUCOS DE CAIXINHA.

ALGUMAS PESSOAS PRECISAM SEGUIR DIETAS ESPECIAIS, MAS HÁ ALIMENTOS QUE SÃO SAUDÁVEIS PARA QUASE TODOS. EXEMPLOS:
- COMIDA CASEIRA (ARROZ E FEIJÃO, VEGETAIS, CARNES ETC.);
- FRUTAS, SALADA DE FRUTAS OU SOBREMESAS CASEIRAS;
- ÁGUA, ÁGUA DE COCO, LEITE, SUCO DE FRUTA.

1. O QUE VOCÊ ACHOU DESSAS INFORMAÇÕES?

2. POR QUE É IMPORTANTE TER UMA ALIMENTAÇÃO SAUDÁVEL?

# PRODUÇÃO DE TEXTO

## LISTA

QUE TAL FAZER UMA TORTA DE BANANA?

O PROFESSOR VAI LER UMA RECEITA. SERÁ QUE É UMA RECEITA PRÓPRIA PARA CRIANÇAS PREPARAREM? QUE INGREDIENTES SÃO USADOS?

### TORTA DE BANANA

#### INGREDIENTES

- DUAS XÍCARAS DE FARINHA DE TRIGO INTEGRAL
- UMA XÍCARA DE AVEIA EM FLOCOS
- UMA XÍCARA DE AÇÚCAR MASCAVO
- MEIA XÍCARA DE ÓLEO
- RASPAS DE MEIO LIMÃO
- UMA COLHER DE CHÁ DE CANELA
- 12 BANANAS-D'ÁGUA MADURAS

#### MODO DE PREPARO

MISTURE TODOS OS INGREDIENTES, MENOS A BANANA E A CANELA, ATÉ FICAR COMO UMA FAROFA MOLHADA. ABRA A METADE DA MASSA [...] NA FÔRMA REDONDA [...]. COLOQUE AS BANANAS CORTADAS EM TIRAS COM UM POUCO DE CANELA. FAÇA MAIS UMA CAMADA DE MASSA, COLOCANDO POR CIMA AS BANANAS FATIADAS. LEVE AO FORNO POR [...] 20 MINUTOS.

DISPONÍVEL EM: <http://mundogloob.globo.com/programas/tem-crianca-na-cozinha/receitas/receita-torta-de-banana.htm>. ACESSO EM: 8 MAR. 2017.

**IMPORTANTE!**

PEÇA AJUDA A UM ADULTO SE FOR PREPARAR A RECEITA.

## PREPARAÇÃO

CONVERSE COM OS COLEGAS E O PROFESSOR:

1. CRIANÇAS PODEM FAZER ESSA RECEITA SOZINHAS OU PRECISAM DA AJUDA DE ADULTOS?
2. QUAIS CUIDADOS DEVEMOS TER AO FAZER A TORTA?
3. QUE QUANTIDADE DE CADA INGREDIENTE É PRECISO COMPRAR PARA PREPARAR A TORTA?
4. QUAIS UTENSÍLIOS DE COZINHA SÃO NECESSÁRIOS?

## ESCRITA

A RECEITA DA TORTA PEDE VÁRIOS INGREDIENTES. ESCREVA A LISTA DO QUE É PRECISO COMPRAR PARA PREPARÁ-LA.

_____

_____

_____

_____

_____

_____

_____

AGORA É SÓ PREPARAR A TORTA COM OS AMIGOS E FAMILIARES. MOSTRE A RECEITA EM SUA CASA E AVISE: A LISTA DE COMPRAS JÁ ESTÁ PRONTA!

# REGRAS DE CONVIVÊNCIA

VOCÊ E OS COLEGAS PRODUZIRÃO UMA LISTA DE REGRAS PARA A BOA CONVIVÊNCIA EM SALA DE AULA.

## PREPARAÇÃO

A TURMA DO PRIMEIRO ANO DA ESCOLA "APRENDENDO COM ALEGRIA" CRIOU CINCO REGRAS DE CONVIVÊNCIA. O PROFESSOR LERÁ ESSAS REGRAS, ACOMPANHE A LEITURA DELE.

**REGRAS DE CONVIVÊNCIA DO PRIMEIRO ANO**

1. RESPEITAR O PROFESSOR, OS COLEGAS E TODOS OS FUNCIONÁRIOS DA ESCOLA.
2. OUVIR COM ATENÇÃO AS EXPLICAÇÕES DO PROFESSOR.
3. AJUDAR OS COLEGAS DURANTE AS ATIVIDADES.
4. MANTER A SALA LIMPA JOGANDO O LIXO NA LIXEIRA.
5. FAZER AS LIÇÕES NA ESCOLA E EM CASA COM DEDICAÇÃO.

1. CONVERSE COM OS COLEGAS E O PROFESSOR SOBRE OS ITENS A SEGUIR.
   - SERÁ QUE CRIAR REGRAS PARA A CONVIVÊNCIA É IMPORTANTE? POR QUÊ?
   - O QUE MAIS CHAMOU SUA ATENÇÃO NESSA LISTA DE REGRAS?
   - QUAIS DESSAS REGRAS VOCÊ JÁ COSTUMA SEGUIR EM SUA ESCOLA?

**2.** CONVERSE COM OS COLEGAS E O PROFESSOR SOBRE AS REGRAS DA ESCOLA "APRENDENDO COM ALEGRIA".
- QUAIS DELAS SÃO ADEQUADAS PARA SUA SALA DE AULA?
- VOCÊS ACRESCENTARIAM ALGUMA REGRA A ESSA LISTA?

## ESCRITA

**1.** DITEM PARA O PROFESSOR AS REGRAS DE CONVIVÊNCIA QUE VOCÊS DEFINIRAM PARA A SALA DE AULA DE VOCÊS.

**2.** COPIEM O TEXTO QUE ELE VAI ESCREVER NA LOUSA.

_____

_____

_____

_____

_____

_____

_____

_____

AGORA É SÓ COLOCAR AS REGRAS EM PRÁTICA!

## REVENDO O QUE APRENDI

**1** LIGUE AS IMAGENS AOS NOMES.

VIOLÃO

OVO

GIRAFA

FACA

CAVALO

FOCA

**2** CIRCULE AS PALAVRAS QUE COMEÇAM COM A MESMA LETRA QUE **FOCA**.

| FORMIGA | PATO | FADA |
| FOGO | FUBÁ | VITAMINA |

**3** LEIA O TRAVA-LÍNGUA COM OS COLEGAS E O PROFESSOR.

A VACA MALHADA FOI MOLHADA
POR OUTRA VACA MOLHADA E MALHADA.

DOMÍNIO PÚBLICO.

A) COPIE A PALAVRA **VACA** COLOCANDO UMA LETRA EM CADA QUADRINHO.

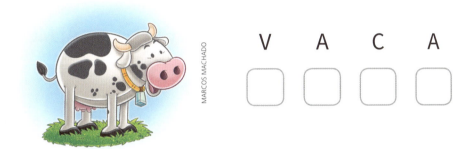

B) **VACA** TEM _____ LETRAS.

C) FALE ALTO A PALAVRA **VACA**, DEPOIS ESCREVA UMA SÍLABA EM CADA QUADRINHO.

**4** TROQUE PRIMEIRO UMA LETRA E DEPOIS UMA SÍLABA DA PALAVRA **VACA** E DESCUBRA O NOME DE DOIS OBJETOS.

A) TROQUE **C** POR **R** E ESCREVA:

_____ .

B) TROQUE **CA** POR **SO** E ESCREVA:

_____ .

**5** COMPLETE AS PALAVRAS COM UMA DAS SÍLABAS.

FA   FI   FO   VA   VE   VI

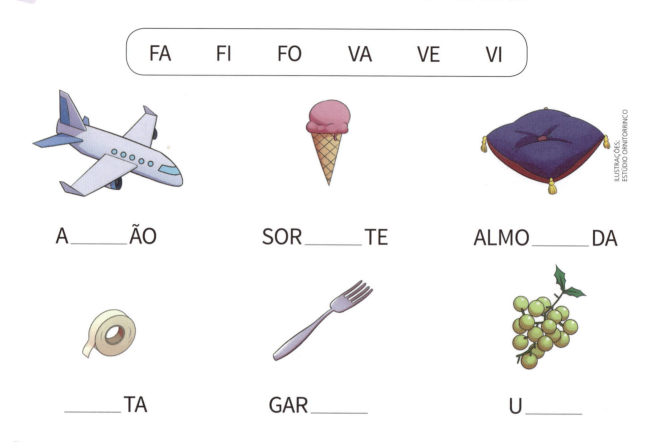

A_____ÃO        SOR_____TE        ALMO_____DA

_____TA         GAR_____           U_____

**6** FAÇA UM **X** NO TEXTO QUE É UMA LISTA.

**TEXTO 1**

O QUE É, O QUE É?
SÓ PODEMOS USAR DEPOIS DE QUEBRADO.

DOMÍNIO PÚBLICO.

**TEXTO 2**

UM, DOIS, FEIJÃO COM ARROZ
TRÊS, QUATRO, FEIJÃO NO PRATO
CINCO, SEIS, EU SOU FREGUÊS
SETE, OITO, COMER BISCOITO
NOVE, DEZ, COMER PASTÉIS

DOMÍNIO PÚBLICO.

**TEXTO 3**

| 1º ANO |
|--------|
| ANA |
| BERNARDO |
| CAUÊ |
| DULCE |
| JOANA |
| JOSÉ |
| MARIA |
| WALTER |

# PARA IR MAIS LONGE

## LIVROS

▶ **MAMÃO, MELANCIA, TECIDO E POESIA**, DE FÁBIO SOMBRA. SÃO PAULO: MODERNA, 2013.

ESSE LIVRO DE ADIVINHAS APRESENTA 16 FRUTAS TROPICAIS EM VERSOS DIVERTIDOS. SERÁ QUE VOCÊ VAI ADIVINHAR QUAIS SÃO ELAS?

▶ **O SANDUÍCHE DA MARICOTA**, DE AVELINO GUEDES. SÃO PAULO: MODERNA, 2002.

A GALINHA MARICOTA FOI FAZER SEU SANDUÍCHE, MAS AÍ FORAM CHEGANDO O BODE E OUTROS ANIMAIS, CADA UM COM SEU PALPITE... UMA CONFUSÃO!

## SITES

▶ "POMAR", VIDEOCLIPE DO DVD **PAULECO E SANDRECA**, DA DUPLA PALAVRA CANTADA. DISPONÍVEL EM: <palavracantada.com.br/musica/pomar/>.
ACESSO EM: 26 ABR. 2017.

O VIDEOCLIPE DA CANÇÃO "POMAR" APRESENTA AS MAIS DIVERSAS FRUTAS E O NOME DA ÁRVORE EM QUE CADA UMA DELAS NASCE.

▶ **DE ONDE VEM O AÇÚCAR?**, DO PORTAL TV ESCOLA. DISPONÍVEL EM: <tvescola.mec.gov.br/tve/video/de-onde-vem-de-onde-vem-o-acucar>. ACESSO EM: 27 SET. 2016.

DESCUBRA COM A MENINA KIKA DE ONDE VEM O AÇÚCAR REFINADO QUE COMPRAMOS NO SUPERMERCADO.

# UNIDADE 5
# NÃO ESTOU SÓ

- A RUA DA IMAGEM É PARECIDA COM O LUGAR ONDE VOCÊ MORA? CONTE AOS COLEGAS.
- SER SOLIDÁRIO É AJUDAR AS OUTRAS PESSOAS. NA ILUSTRAÇÃO, QUEM ESTÁ SENDO SOLIDÁRIO?
- QUEM SERÁ QUE ESTÁ VENDO A CENA DA JANELA?

# PELA JANELA

FECHE OS OLHOS POR ALGUNS MINUTOS E IMAGINE: O QUE VOCÊ GOSTARIA DE VER DA JANELA DE SUA CASA?

DESENHE ABAIXO O QUE GOSTARIA DE VER EM SUA RUA. SE QUISER, VOCÊ PODE REPRESENTAR FAMILIARES, AMIGOS E CONHECIDOS.

MOSTRE O DESENHO AOS COLEGAS E EXPLIQUE A ELES O QUE VOCÊ QUIS RETRATAR.

A SEGUIR, O PROFESSOR VAI LER UM POEMA CHAMADO "BILHETE AO SENHOR GRILO".

OUÇA COM ATENÇÃO PARA DESCOBRIR QUAL PROBLEMA A PESSOA QUE ESCREVEU ESSE BILHETE TEM TODA NOITE. SERÁ QUE EM SUA RUA AS PESSOAS ENFRENTAM O MESMO PROBLEMA?

# TEXTO 1 — POEMA

**BILHETE AO SENHOR GRILO**

SENHOR GRILO, POR FAVOR,
INTERROMPA A CANTORIA.
NÃO SEI COMO NEM POR QUÊ,
NÃO ME DEIXA ADORMECER
COM SEU CRI-CRI NOITE E DIA.

SE QUISER, MEU SENHOR GRILO,
VÁ CANTAR PRA SUA TIA.

EU SEI, VOCÊ CHORA SOZINHO
QUANDO EU SAIO PRA BRINCAR.
DE NOITE, CHEGO CANSADO
E VOCÊ, DESCONSOLADO,
ME ESPERA PRA CONVERSAR.

SE PUDER, MEU SENHOR GRILO,
VÁ CANTAR NOUTRO LUGAR.

POIS CRI-CRI NOS MEUS OUVIDOS,
SENHOR GRILO, ASSIM NÃO DÁ.
CAIA FORA, VOU DORMIR,
LEVE EMBORA SEU CRI-CRI,
QUE SÓ VEM ME ATRAPALHAR.

POR FAVOR, MEU SENHOR GRILO,
VÊ SE DEIXA DE GRITAR.

NÃO INTICA COM MEU SONO
PARA EU DORMIR TRANQUILO.
MAMÃE, BRABA, NA COZINHA
DIZ QUE A CULPA É TODA MINHA.
SABE UMA COISA, SENHOR GRILO,
VOCÊ CRICRILA, EU NÃO CRICRILO.

SÉRGIO CAPPARELLI. *BOI DA CARA PRETA*.
PORTO ALEGRE: L&PM, 2010. P. 22-23.

## GLOSSÁRIO

**DESCONSOLADO:** TRISTE.
**INTERROMPER:** PARAR.
**INTICAR:** IMPLICAR.

### QUEM ESCREVEU?

**SÉRGIO CAPPARELLI**
NASCEU EM 1947, EM UBERLÂNDIA (MINAS GERAIS). ALÉM DE ESCREVER LIVROS DE POESIAS E HISTÓRIAS PARA CRIANÇAS E JOVENS, É PROFESSOR E JORNALISTA.

# ESTUDO DO TEXTO

**1** E ENTÃO? QUAL É O PROBLEMA DO MENINO?

☐ ELE PERDE O SONO PORQUE QUER CONVERSAR COM SEU AMIGO GRILO.

☐ ELE NÃO CONSEGUE DORMIR POR CAUSA DO CRI-CRI DE UM GRILO.

☐ ELE QUER BRINCAR A NOITE TODA, MAS A MÃE DELE NÃO DEIXA.

**2** GRILOS SÃO INSETOS QUE FAZEM UM SOM, O CRI-CRI, QUANDO ESFREGAM UMA ASA NA OUTRA.

**A)** CONTE AOS COLEGAS SE JÁ VIU UM GRILO E SE EM SUA CASA VOCÊ OUVE O CRI-CRI DE GRILOS À NOITE.

**B)** SE PERTO DA CASA DO MENINO HÁ UM GRILO, SERÁ QUE A RUA DELE TEM ÁRVORES E JARDINS OU MUITOS PRÉDIOS E CARROS?

▶ GRILO.

**3** CONTE AOS COLEGAS: VOCÊ GOSTOU DE LER O "BILHETE AO SENHOR GRILO"? POR QUÊ?

**4** COPIE O VERSO EM QUE O MENINO DIZ PARA O GRILO CANTAR EM OUTRO LUGAR.

_____

**5** VOCÊ JÁ SABE QUE OS POEMAS SÃO FORMADOS POR VERSOS. QUAIS DESTES VERSOS SÃO APELOS DO MENINO PARA QUE O GRILO PARE DE CANTAR PERTO DELE?

☐ VÁ CANTAR PRA SUA TIA.

☐ DE NOITE, CHEGO CANSADO.

☐ VÊ SE DEIXA DE GRITAR.

**6** O POEMA "BILHETE AO SENHOR GRILO" TEM PALAVRAS QUE RIMAM. RELEIA O POEMA COM OS COLEGAS PRESTANDO ATENÇÃO NOS SONS PARECIDOS.

**7** COPIE AS PALAVRAS DO POEMA QUE ESTÃO NO FIM DOS VERSOS E RIMAM COM:

| CANTORIA | |
|---|---|
| BRINCAR | |
| GRILO | |
| COZINHA | |

**8** COMPLETE OS VERSOS COM A PALAVRA DO POEMA QUE RIMA COM:

A) COZINHA

MAMÃE, BRABA, NA **COZINHA**

DIZ QUE A CULPA É TODA _____.

B) GRILO

SABE UMA COISA, SENHOR **GRILO**,

VOCÊ CRICRILA, EU NÃO _____.

**9** CIRCULE AS LETRAS REPETIDAS NO FIM DE CADA DUPLA DE PALAVRAS.

COZINHA    MINHA

GRILO    CRICRILO

**10** ESCREVA COMO SOUBER O SOM QUE OS ANIMAIS FAZEM.

ILUSTRAÇÕES: WILSON JORGE FILHO

O **GRILO** FAZ CRI-CRI.

A) O **PATO** FAZ _____.

B) O **PINTINHO** FAZ _____.

C) O **CACHORRO** FAZ _____.

D) O **GATO** FAZ _____.

115

## QUANTAS PALAVRAS?

**1** ESCREVA NAS BOLINHAS QUANTAS PALAVRAS HÁ NOS VERSOS A SEGUIR E COPIE CADA PALAVRA EM UM ESPAÇO.

A) SENHOR GRILO, ASSIM NÃO DÁ. ◯

| | | | | |
|---|---|---|---|---|

B) CAIA FORA, VOU DORMIR. ◯

| | | | |
|---|---|---|---|

**2** RELEIA A ESTROFE A SEGUIR COM OS COLEGAS E O PROFESSOR E FAÇA O QUE SE PEDE.

EU SEI, VOCÊ CHORA SOZINHO
QUANDO EU SAIO PRA BRINCAR.
DE NOITE, CHEGO CANSADO
E VOCÊ, DESCONSOLADO,
ME ESPERA PRA CONVERSAR.

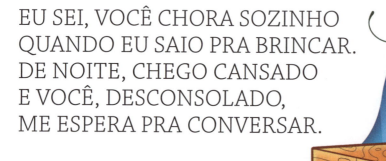

A) PINTE DE **LARANJA** OS VERSOS QUE TÊM CINCO PALAVRAS.

B) PINTE DE **AZUL** OS VERSOS QUE TÊM QUATRO PALAVRAS.

C) PINTE DE **VERDE** O VERSO QUE TEM TRÊS PALAVRAS.

**3** LEIA COM OS COLEGAS E O PROFESSOR, EM VOZ ALTA, O VERSO A SEGUIR.

VÊ SE DEIXA DE GRITAR

VOCÊS FIZERAM PAUSAS (PARADAS) ENTRE UMA PALAVRA E OUTRA?

**4** ESCREVEMOS ABAIXO O TÍTULO DO POEMA COM AS PALAVRAS GRUDADAS.

BILHETEAOSENHORGRILO

VAMOS SEPARÁ-LAS? ESCREVA CADA PALAVRA EM UM ESPAÇO.

| | | | |
|---|---|---|---|

**5** SEPARE AS PALAVRAS E DESCUBRA O NOME DE TRÊS CANTIGAS DE RODA.

ACANOAVIROU

| | | |
|---|---|---|

PEIXEVIVO

| | |
|---|---|

EUENTREINARODA

| | | | |
|---|---|---|---|

**6** TROQUE A IMAGEM POR UMA DAS PALAVRAS DO QUADRO E ENCONTRE O NOME DE OUTRA CANTIGA DE RODA.

A  DIZ QUE TEM

A _____ DIZ QUE TEM

| BANANA | BATATA | BARATA |

**7** ESCREVA NOS ESPAÇOS O NOME DAS IMAGENS, DEPOIS LEIA A PARLENDA COM OS COLEGAS.

– CADÊ O TOUCINHO QUE ESTAVA AQUI?

– O _____ COMEU.

– CADÊ O GATO?

– FOI PRO _____.

DOMÍNIO PÚBLICO.

**8** DESAFIO! QUAIS SÃO AS BRINCADEIRAS?

# BILHETE

NA PÁGINA 111, VOCÊ LEU O POEMA "BILHETE AO SENHOR GRILO".

AGORA IMAGINE QUE O MENINO QUE ESCREVEU AO SENHOR GRILO VOLTOU DA ESCOLA E ENCONTROU UM BILHETE NA PORTA DA GELADEIRA. QUEM SERÁ QUE ESCREVEU PARA ELE? ACOMPANHE A LEITURA DO PROFESSOR.

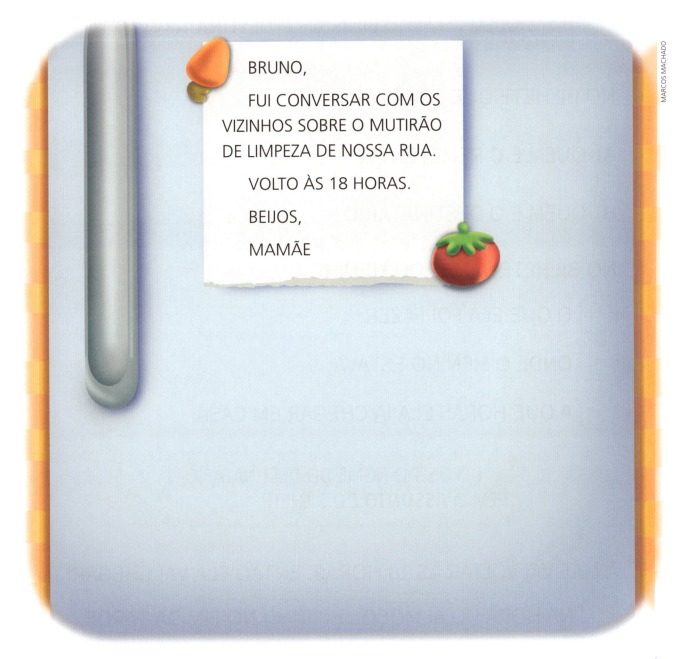

BRUNO,

FUI CONVERSAR COM OS VIZINHOS SOBRE O MUTIRÃO DE LIMPEZA DE NOSSA RUA.

VOLTO ÀS 18 HORAS.

BEIJOS,

MAMÃE

# ESTUDO DO TEXTO

1. CIRCULE NO BILHETE O NOME DE QUEM O ESCREVEU.

2. PINTE O NOME DA PESSOA PARA QUEM O BILHETE FOI ESCRITO.

> QUEM ESCREVE UM BILHETE PARA ALGUÉM É CHAMADO DE **REMETENTE**.
> QUEM RECEBE O BILHETE É O **DESTINATÁRIO**.

3. NO BILHETE QUE VOCÊ LEU:

   A) QUEM É O REMETENTE? _____

   B) QUEM É O DESTINATÁRIO? _____

4. NO BILHETE, A MÃE DO MENINO DIZ:
   - [ ] O QUE ELA FOI FAZER;
   - [ ] ONDE O MENINO ESTAVA;
   - [ ] A QUE HORAS ELA IA CHEGAR EM CASA.

> DEPOIS DO NOME DO DESTINATÁRIO, VEM O **ASSUNTO** DO BILHETE.

5. A MÃE VAI VOLTAR ÀS 18 HORAS. ENTÃO ELA VAI CHEGAR:
   - [ ] NA HORA DO ALMOÇO.
   - [ ] NO FIM DA TARDE.

**6** A MÃE IA FALAR COM OS VIZINHOS SOBRE UM MUTIRÃO PARA LIMPAR A RUA.

    **A)** VOCÊ SABE O QUE É UM MUTIRÃO?

    **B)** O QUE VOCÊ ACHA DE AS PESSOAS SE REUNIREM PARA FAZER UM TRABALHO QUE É BOM PARA TODOS?

**7** A MÃE DEIXOU O BILHETE PARA O FILHO NA PORTA DA GELADEIRA. ONDE AS PESSOAS COSTUMAM DEIXAR BILHETES?

**8** COMO A MÃE SE DESPEDE, NO BILHETE?

**9** LIGUE CADA BILHETE AO LUGAR EM QUE VOCÊ ACHA QUE ELE DEVE SER COLOCADO.

**A)**
JÚLIA,
    FUI COMPRAR PÃO, JÁ VOLTO.
PAPAI

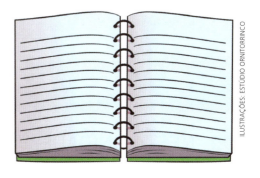

**B)**
PROFESSORA,
    O BRUNO FALTOU ONTEM PORQUE ESTAVA DOENTE.
    OBRIGADA.
ANA
10/6/2019

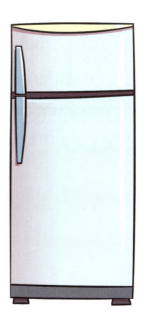

ILUSTRAÇÕES: ESTÚDIO ORNITORRINCO

**10** FAÇA UM **X** NAS PARTES QUE OS BILHETES PODEM TER.

- [ ] DESTINATÁRIO
- [ ] ENDEREÇO DO DESTINATÁRIO
- [ ] ASSUNTO
- [ ] DESPEDIDA
- [ ] REMETENTE
- [ ] DATA

**11** SE FOSSE EXPLICAR A ALGUÉM O QUE É UM BILHETE, O QUE VOCÊ DIRIA? CONVERSE COM OS COLEGAS SOBRE ISSO. O PROFESSOR VAI ESCREVER NA LOUSA O QUE VOCÊS CONCLUÍREM. COPIE A DEFINIÇÃO QUE ELE ESCREVER.

_____

_____

_____

**12** NESTA UNIDADE, VOCÊ FICOU SABENDO O QUE É UM MUTIRÃO DE LIMPEZA DE RUA. MAS NÃO É SÓ A RUA QUE DEVE FICAR LIMPA. LIMPEZA É IMPORTANTE TAMBÉM EM NOSSA CASA E NA ESCOLA.

VAMOS COMBINAR DE NÃO JOGAR LIXO NO CHÃO?

AJUDE O PROFESSOR A ESCREVER UM AVISO SOBRE ISSO PARA COLOCAR NA SALA DE AULA.

_____

_____

_____

## SÍLABAS

**1** BRINQUE DE TRAVA-LÍNGUA COM OS COLEGAS.

— ALÔ, O TATU TAÍ?
— NÃO, O TATU NUM TÁ.
MAS A MULHER DO TATU TANDO
É O MESMO QUE O TATU TÁ.

DOMÍNIO PÚBLICO.

**2** LEIA COM OS COLEGAS.

A) COMPLETE.

A PALAVRA **TATU** TEM ☐ LETRAS E ☐ SÍLABAS.

B) PINTE DE LARANJA AS VOGAIS E DE AZUL AS CONSOANTES.

# TATU

C) EM **TATU**, HÁ ALGUMA SÍLABA SEM VOGAL? _____

**3** CIRCULE NO TRAVA-LÍNGUA DA ATIVIDADE 1 TODAS AS PALAVRAS COM AS SÍLABAS **TA** OU **TU**.

**4** ESCREVA AS LETRAS NOS QUADRINHOS **VERDES** E AS SÍLABAS NOS **VERMELHOS**.

WILSON JORGE FILHO

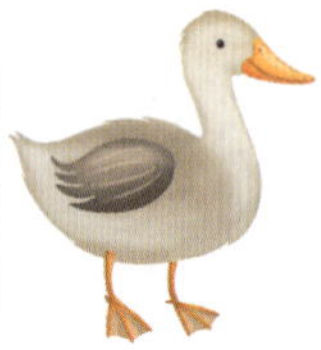

PATO

A) ESSA PALAVRA TEM QUANTAS SÍLABAS? ______________________

B) PINTE DE **LARANJA** AS VOGAIS E DE **AZUL** AS CONSOANTES DA PALAVRA ABAIXO.

PATO

C) EM **PATO**, HÁ ALGUMA SÍLABA SEM VOGAL?

☐ SIM. ☐ NÃO.

**5** RELEIA AS PALAVRAS COM OS COLEGAS E O PROFESSOR.

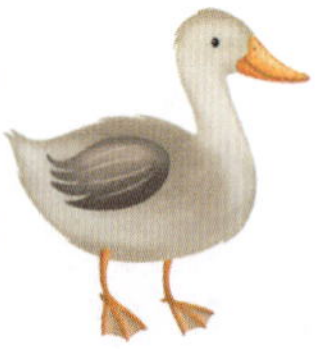

WILSON JORGE FILHO

PATO TATU

CAROLINA SARTÓRIO

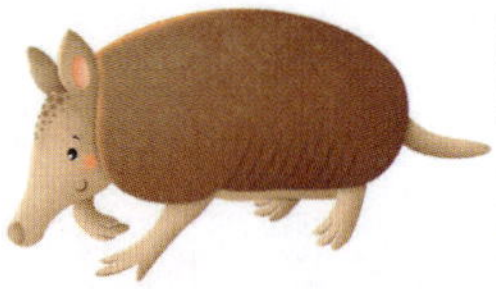

A) CIRCULE A PRIMEIRA SÍLABA DE CADA PALAVRA, DEPOIS ESCREVA AS DUAS SÍLABAS NOS QUADRINHOS.

B) JUNTE AS DUAS SÍLABAS E FORME UMA NOVA PALAVRA.

CAROLINA SARTÓRIO

______________________

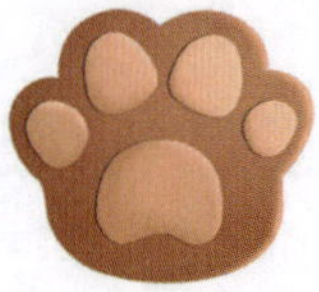

**6** AGORA JUNTE A PRIMEIRA SÍLABA DE **TATU** COM A SEGUNDA SÍLABA DE **PATO** E FORME A PALAVRA _____.

- VOCÊ CONHECE ESSA PALAVRA? CONVERSE COM OS COLEGAS SOBRE O SENTIDO DELA.

**7** DESAFIO! COLOQUE UM **R** NO MEIO DA PRIMEIRA SÍLABA DE **PATO** E FORME O NOME DESTE OBJETO.

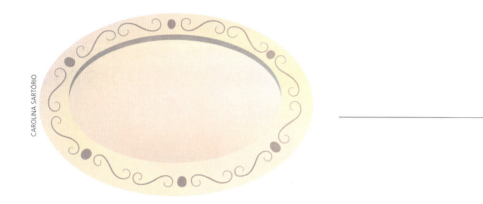

CAROLINA SARTÓRIO

**8** VOCÊ JÁ ESTÁ CRAQUE EM TRAVA-LÍNGUAS? ENTÃO LEIA SEM TROPEÇAR.

O DOCE PERGUNTOU PRO DOCE
QUAL É O DOCE MAIS DOCE.
E O DOCE RESPONDEU PRO DOCE
QUE O DOCE MAIS DOCE
É O DOCE DE BATATA-DOCE.

DOMÍNIO PÚBLICO.

**A)** QUE PALAVRA APARECE MAIS VEZES NO TRAVA-LÍNGUA? CIRCULE-A.

**B)** ESCREVA ESSA PALAVRA COLOCANDO CADA SÍLABA EM UM QUADRINHO.

C) TROQUE A ORDEM DAS SÍLABAS E FORME OUTRA PALAVRA: _____.

**9** O QUE É, O QUE É?

NOME DE UM DIA DA SEMANA QUE COMEÇA COM A SEGUNDA SÍLABA DE **CEDO**.

_____

**10** ENCONTRE A PALAVRA ESCONDIDA DENTRO DAS PALAVRAS A SEGUIR. ATENÇÃO: SÓ VALEM PALAVRAS COMEÇADAS COM **D**.

A)  VENTILADOR: _____.

B)  SOLDADO: _____.

**11** LEIA O TRAVA-LÍNGUA "O DOCE PERGUNTOU PRO DOCE" VÁRIAS VEZES COM O PROFESSOR PARA RECITÁ-LO DE COR. VAMOS LÁ?

### AÍ VEM HISTÓRIA

QUEM TEM UM AMIGO NUNCA FICA SOZINHO, POIS, MESMO QUANDO O AMIGO ESTÁ LONGE, ELE ESTÁ EM NOSSO PENSAMENTO. O PROFESSOR VAI LER, NA PÁGINA 249, UM POEMA SOBRE A AMIZADE. OUÇA-O COM ATENÇÃO.

## PRODUÇÃO DE TEXTO

### BILHETE COLETIVO

MESMO TOMANDO CUIDADO, AS CRIANÇAS ACABAM FAZENDO UM POUCO DE SUJEIRA NA SALA DE AULA. ENTÃO COMO É QUE NO OUTRO DIA ELA ESTÁ LIMPA DE NOVO?

NAS ESCOLAS, HÁ FUNCIONÁRIOS QUE FAZEM A LIMPEZA DEPOIS QUE OS ALUNOS VÃO EMBORA.

QUE TAL ESCREVER UM BILHETE PARA AGRADECER A ESSE FUNCIONÁRIO POR DEIXAR A SALA DE AULA LIMPA?

### PREPARAÇÃO

CONVERSE COM OS COLEGAS SOBRE AS PARTES QUE COMPÕEM UM BILHETE E SOBRE O QUE VÃO DIZER AO FUNCIONÁRIO.

- VOCÊS SABEM O NOME DELE? INFORMEM-SE.
- QUE PALAVRAS QUEREM USAR?
- COMO VAI SER A DESPEDIDA? E A ASSINATURA?
- ONDE VÃO DEIXAR O BILHETE? NA LOUSA? NA MESA?

## ESCRITA E REVISÃO

JUNTO COM OS COLEGAS, DITE O TEXTO DO BILHETE AO PROFESSOR, PARA QUE ELE O ESCREVA NA LOUSA.

LEIAM JUNTOS O BILHETE: ELE DEMONSTRA GENTILEZA E É FÁCIL DE ENTENDER? TEM TODAS AS PARTES QUE OS BILHETES DEVEM TER?

COPIE O BILHETE NAS LINHAS ABAIXO. DEPOIS UM DE VOCÊS COPIA O BILHETE PARA O FUNCIONÁRIO EM UMA FOLHA AVULSA.

## GENTILEZA

VAMOS PRATICAR A CRIATIVIDADE E A GENTILEZA USANDO O COMPUTADOR? O PROFESSOR VAI AJUDÁ-LO.

1. QUANDO CHEGA À ESCOLA, VOCÊ ENCONTRA OS COLEGAS, OS FUNCIONÁRIOS E O PROFESSOR. COMO OS CUMPRIMENTA? ESCREVA NO COMPUTADOR UMA FORMA GENTIL DE CUMPRIMENTAR ESSAS PESSOAS.

2. IMAGINE QUE ENTROU UM ALUNO NOVO NA ESCOLA. ESCREVA NO COMPUTADOR UM BILHETE DE BOAS-VINDAS.
   - ESCREVA O NOME DO DESTINATÁRIO, O ASSUNTO E SEU NOME.
   - REGISTRE O DIA, O MÊS E O ANO.

3. DESENHE NO COMPUTADOR UMA SITUAÇÃO EM QUE VOCÊ AGRADECE A UMA PESSOA ALGO QUE ELA FEZ. ESCREVA AS PALAVRAS QUE VOCÊ USOU PARA AGRADECER. UTILIZE DIFERENTES CORES E PINCÉIS.

# REVENDO O QUE APRENDI

**1** LEIA O BILHETE E FAÇA O QUE SE PEDE.

> VÓ,
> 
> GOSTEI MUITO DA HISTÓRIA QUE VOCÊ CONTOU.
> 
> BEIJO!
> 
> LARA
> 
> 20 DE OUTUBRO

**A)** PINTE AS PARTES DO BILHETE.
- DESTINATÁRIO: PINTE DE **AZUL**.
- REMETENTE: PINTE DE **VERMELHO**.
- ASSUNTO: PINTE DE **VERDE**.
- DESPEDIDA: PINTE DE **ROXO**.
- DATA: PINTE DE **ROSA**.

**B)** LARA CHAMA A AVÓ DE "VÓ". ESSE JEITO DE FALAR MOSTRA INTIMIDADE ENTRE ELAS OU É UM MODO DISTANTE E RESPEITOSO DE SE DIRIGIR À AVÓ?

**C)** QUAIS DESTAS FORMAS DE TRATAMENTO LARA TAMBÉM PODERIA USAR PARA MOSTRAR CARINHO PELA AVÓ E INTIMIDADE COM ELA?

> VOVÓ    SENHORA AVÓ    VOZINHA    VOINHA

**D)** QUE OUTRAS PALAVRAS A MENINA PODERIA USAR NO LUGAR DE "BEIJOS"?

**2** ESCREVA NOS QUADRINHOS AS SÍLABAS DE **DADO**.

COMPLETE OS NOMES USANDO UMA DESSAS SÍLABAS.

A)  _____ MINÓ

D)  COCA _____

B)  MACHA _____

E)  TOMA _____

C)  CADEA _____

F)  ESCA _____

**3** FAÇA UM FIO NO CAMINHO QUE VAI DO TATU À TOCA.

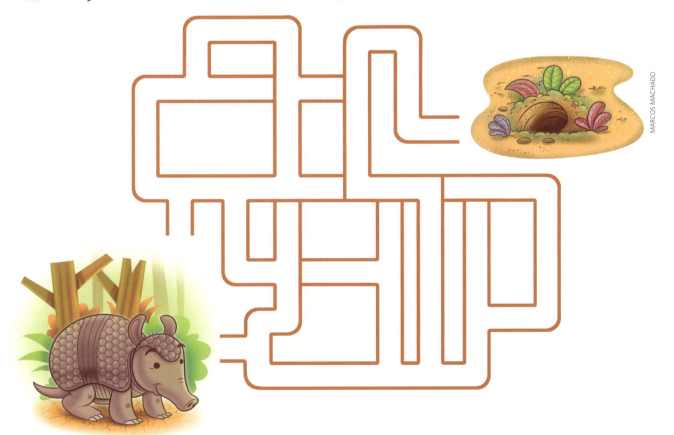

**4** COMPLETE AS PALAVRAS COM **D** OU **T**, DEPOIS FAÇA UM **X** NA COLUNA DA LETRA QUE VOCÊ USOU.

| | | D | T |
|---|---|---|---|
| | ___ELEFONE | | |
| | ___ESOURA | | |
| | CAPACE___E | | |
| | CA___EIRA | | |
| | PRA___O | | |
| | TAMAN___UÁ | | |

# PARA IR MAIS LONGE

## LIVROS

- **NA JANELA DO TREM**, DE LÚCIA HIRATSUKA. SÃO PAULO: CORTEZ, 2013.

  PELA JANELA DO TREM PASSA A PAISAGEM, PASSA A TERRA... E PASSAM TAMBÉM DESCOBERTAS. NESSA HISTÓRIA, LONGE E PERTO VÃO SE TRANSFORMANDO.

- **UM FIO DE AMIZADE**, DE MARILIA PIRILLO. SÃO PAULO: LAFONTE JÚNIOR, 2012.

  DUAS JANELAS SEPARAM BRUNO E MANOELA. MAS UMA BOA IDEIA PÕE FIM A ESSA DISTÂNCIA, E ENTRE ELES SURGE UM FIO DE AMIZADE.

- **DIVERSIDADE**, DE TATIANA BELINKY. SÃO PAULO: FTD, 2015.

  OS VERSOS DESSE LIVRO ENSINAM QUE NÃO HÁ UM JEITO ÚNICO DE SER. SE TODO MUNDO FOSSE IGUALZINHO, O MUNDO NÃO TERIA GRAÇA!

## SITE

- **MUTIRÃO DE LIMPEZA**, JOGO *ON-LINE*, PORTAL CIÊNCIA HOJE DAS CRIANÇAS. DISPONÍVEL EM: <http://chc.org.br/multimidia/jogos/rex_no_fundo_do_rio/>. ACESSO EM: 7 ABR. 2017.

  NESSE JOGO, VOCÊ AJUDA OS DINOSSAUROS REX E DINÁ A COLETAR O LIXO ESPALHADO NO FUNDO DOS RIOS.

- O QUE AS CRIANÇAS REPRESENTADAS NA IMAGEM ESTÃO FAZENDO?
- O QUE VOCÊ ACHA QUE ELAS ESTÃO CANTANDO?
- VOCÊ GOSTA DE MÚSICA? POR QUÊ?
- E DE BRINCADEIRAS COM MÚSICA, VOCÊ GOSTA? QUAIS CONHECE?

# BRINCANDO COM SONS

VOCÊ SABIA QUE SEU CORPO PODE SER UM INSTRUMENTO MUSICAL?

COM A ORIENTAÇÃO DO PROFESSOR, BRINQUE CRIANDO SONS COM AS MÃOS, OS PÉS E OUTRAS PARTES DO CORPO. VOCÊ VAI BATER PALMAS, BATER AS MÃOS NAS PERNAS, BATER OS PÉS NO CHÃO E ESTALAR A LÍNGUA. É DIVERTIDO! VAMOS LÁ?

ILUSTRAÇÕES: MARCOS MACHADO

GOSTOU DE BRINCAR COM SONS? ENTÃO ACOMPANHE A LEITURA DE UMA CANTIGA. NA LETRA DESSA CANTIGA APARECEM AS PALAVRAS "BOSQUE" E "RUA".

QUE CANTIGA SERÁ?

# TEXTO 1 — CANTIGA DE RODA

**SE ESSA RUA FOSSE MINHA**

SE ESSA RUA, SE ESSA RUA FOSSE MINHA
EU MANDAVA, EU MANDAVA LADRILHAR
COM PEDRINHAS, COM PEDRINHAS DE BRILHANTE
SÓ PRA VER, SÓ PRA VER MEU BEM PASSAR.

NESSA RUA, NESSA RUA TEM UM BOSQUE
QUE SE CHAMA, QUE SE CHAMA SOLIDÃO
DENTRO DELE, DENTRO DELE MORA UM ANJO
QUE ROUBOU, QUE ROUBOU MEU CORAÇÃO.

SE EU ROUBEI, SE EU ROUBEI TEU CORAÇÃO
TU ROUBASTE, TU ROUBASTE O MEU TAMBÉM
SE EU ROUBEI, SE EU ROUBEI TEU CORAÇÃO
FOI PORQUE, SÓ PORQUE TE QUERO BEM.

DOMÍNIO PÚBLICO.

**GLOSSÁRIO**

**LADRILHAR:** COBRIR PISOS COM LADRILHOS (PLACAS DE BARRO COZIDO OU DE OUTROS MATERIAIS).

# ESTUDO DO TEXTO

**1** CONTE AOS COLEGAS: VOCÊ ACERTOU QUANDO TENTOU IMAGINAR QUAL CANTIGA O PROFESSOR IA LER?

**2** VOCÊ JÁ BRINCOU COM A CANTIGA "SE ESSA RUA FOSSE MINHA"? SE SIM, CONTE AOS COLEGAS E AO PROFESSOR COMO FOI.

- DIGA QUANDO VOCÊ BRINCOU, ONDE, COM QUEM E COMO FOI A BRINCADEIRA.
- OUÇA O RELATO DOS COLEGAS. SE QUISER PERGUNTAR ALGO A ELES, LEVANTE A MÃO E FALE QUANDO O PROFESSOR SINALIZAR. NO FINAL DA RESPOSTA, AGRADEÇA AO COLEGA QUE RESPONDEU.

**3** VOCÊ CONHECE OUTRAS CANTIGAS DE RODA? SE CONHECE, QUAIS?

> **CANTIGAS DE RODA** SÃO CANTIGAS POPULARES QUE AS CRIANÇAS CANTAM QUANDO BRINCAM DE RODA.

**4** EM POEMAS E CANTIGAS, CADA LINHA É UM **VERSO**.

A) QUANTOS VERSOS TEM A CANTIGA "SE ESSA RUA FOSSE MINHA"?

_____

B) OS VERSOS ESTÃO DIVIDIDOS EM GRUPOS. POR QUE ELES ESTÃO ORGANIZADOS ASSIM? CONVERSE COM OS COLEGAS.

MARCOS MACHADO

NOS POEMAS E CANTIGAS, OS VERSOS PODEM SER DIVIDIDOS EM GRUPOS. CADA GRUPO DE VERSOS É CHAMADO DE **ESTROFE**.

**5** A CANTIGA "SE ESSA RUA FOSSE MINHA" TEM QUANTAS ESTROFES?

☐ 1    ☐ 2    ☐ 3

**6** NA PRIMEIRA ESTROFE, A PESSOA QUE FALA NA CANTIGA DIZ QUE MANDARIA ENFEITAR UMA RUA PARA VER SEU BEM PASSAR. COM ISSO, ELA MOSTRA QUE:

☐ GOSTA MUITO DE ALGUÉM.

☐ GOSTA MUITO DESSA RUA.

**7** DESENHE E PINTE UMA RUA PARA MOSTRAR COMO VOCÊ A ENFEITARIA SE ELA FOSSE SUA.

**8** NA SEGUNDA ESTROFE, A PESSOA DIZ QUE UM ANJO ROUBOU O CORAÇÃO DELA. NESSA CANTIGA, "ROUBAR O CORAÇÃO" QUER DIZER:

☐ CONQUISTAR O CORAÇÃO.

☐ LEVAR O CORAÇÃO DA PESSOA EMBORA.

**9** RELEIA A CANTIGA E COPIE O QUE SE PEDE.

A) DA 1ª ESTROFE, A PALAVRA QUE RIMA COM "LADRILHAR":

_____

B) DA 2ª ESTROFE, A PALAVRA QUE RIMA COM "SOLIDÃO":

_____

C) DA 3ª ESTROFE, A PALAVRA QUE RIMA COM "TAMBÉM":

_____

**10** A CANTIGA "SE ESSA RUA FOSSE MINHA" É MUITO ANTIGA. PERGUNTE A PESSOAS MAIS VELHAS, DA FAMÍLIA OU DA ESCOLA, SE ELAS CONHECEM ESSA CANTIGA. CASO CONHEÇAM:

- COMO E ONDE ELAS BRINCAVAM?
- A QUE HORAS COSTUMAVAM BRINCAR? ANTES DE IR PARA A ESCOLA OU NA VOLTA? ANTES OU DEPOIS DE FAZER A LIÇÃO DE CASA?

## LETRAS, SÍLABAS E PALAVRAS

**1** COPIE TROCANDO A IMAGEM POR UMA PALAVRA.

UM ANJO ROUBOU MEU 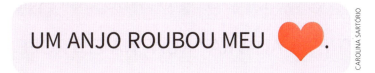.

_____

**2** ESCREVA AS LETRAS E AS SÍLABAS DAS PALAVRAS.

| SOLIDÃO | CORAÇÃO |

LETRAS: _____   _____

SÍLABAS: _____   _____

A) NESSAS PALAVRAS, HÁ SÍLABAS SEM VOGAL? _____

B) PREENCHA O QUADRO.

|  | SOLIDÃO | CORAÇÃO |
|---|---|---|
| NÚMERO DE LETRAS |  |  |
| NÚMERO DE SÍLABAS |  |  |
| ÚLTIMA SÍLABA |  |  |

C) ESCREVA OUTRAS PALAVRAS QUE RIMEM COM **SOLIDÃO** E **CORAÇÃO**.

_____

**3** RELEIA COM OS COLEGAS E O PROFESSOR.

NESSA RUA, NESSA RUA TEM UM BOSQUE
QUE SE CHAMA, QUE SE CHAMA SOLIDÃO
DENTRO DELE, DENTRO DELE MORA UM ANJO
QUE ROUBOU, QUE ROUBOU MEU CORAÇÃO.

A) ENCONTRE A PALAVRA "RUA" NA ESTROFE E PINTE-A DE **VERDE**.

B) PINTE DE **AZUL** AS PALAVRAS QUE COMEÇAM COM A MESMA LETRA QUE "RUA".

**4** COM O ALFABETO MÓVEL, FAÇA O QUE SE PEDE.

A) MONTE A PALAVRA **RUA**.

B) TROQUE O **R** POR **L** E LEIA A PALAVRA FORMADA.

C) VOCÊ FORMOU O NOME DE QUAL DESTAS FIGURAS?

 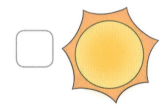 

**5** LEIA EM VOZ ALTA COM OS COLEGAS.

 CO**R**AÇÃO

 **R**ATO

A) A LETRA **R** TEM O MESMO SOM NAS DUAS PALAVRAS?

☐ SIM. ☐ NÃO.

B) EM QUAL DELAS O **R** TEM O MESMO SOM QUE EM **RUA**?

_____

**6** LEIA BEM RÁPIDO COM OS COLEGAS.

O RATO ROEU A ROUPA DO REI DE ROMA.

DOMÍNIO PÚBLICO.

A) CIRCULE AS PALAVRAS QUE TÊM A LETRA **R**.

B) O **R** ESTÁ NO COMEÇO, NO MEIO OU NO FIM DESSAS PALAVRAS?

_____

C) NESSAS PALAVRAS, O SOM DO **R** É:

☐ FRACO COMO EM **CORAÇÃO**.

☐ FORTE COMO EM **RUA**.

**7** RECORTE DA PÁGINA 315 AS ETIQUETAS COM O NOME DE CADA IMAGEM E COLE-AS NOS LUGARES CERTOS.

A) LEIA COM OS COLEGAS E O PROFESSOR AS PALAVRAS QUE VOCÊ COLOU PRESTANDO ATENÇÃO NO SOM DO **R**.

B) CIRCULE O **R** NAS ETIQUETAS. O SOM REPRESENTADO POR ESSA LETRA NAS PALAVRAS É:

☐ FRACO COMO EM **BARATA**.

☐ FORTE COMO EM **RUA**.

C) NESSAS PALAVRAS, A LETRA **R** ESTÁ:

☐ NO MEIO DE DUAS VOGAIS.

☐ NO MEIO DE DUAS CONSOANTES.

**8** LEIA AS PALAVRAS E COMPARE OS SONS DA LETRA **R**.

**R**EI

CO**R**OA

O QUE VOCÊ PERCEBEU? FAÇA UM **X** NO QUADRO COM A RESPOSTA CERTA.

| O **R** NO COMEÇO DA PALAVRA TEM SOM FORTE. | O **R** ENTRE VOGAIS TEM SOM FORTE. |

**9** UMA PALAVRA VIRA OUTRA!

TIRE A LETRA **P** E ESCREVA O NOME DE UM ANIMAL.

PRATO ⟶ _____

## TEXTO 2 — PARLENDA

**1** OS TEXTOS QUE O PROFESSOR VAI LER AGORA FAZEM PARTE DA VIDA DAS CRIANÇAS, ASSIM COMO AS CANTIGAS DE RODA. ELES SERVEM PARA BRINCAR OU PARA ESCOLHER QUEM COMEÇA UMA BRINCADEIRA, COSTUMAM TER RIMAS E SÃO ENGRAÇADOS! QUE TEXTOS SÃO ESSES?

**2** PASSE OS OLHOS PELOS TRÊS TEXTOS. SERÁ QUE VOCÊ CONSEGUE LER ALGUMA PALAVRA SOZINHO?

**1** UNI, DUNI, TÊ,
SALAMÊ, MINGUÊ.
UM SORVETE COLORÊ
O ESCOLHIDO FOI VOCÊ!

DOMÍNIO PÚBLICO.

**2** MEIO-DIA
MACACA ASSOBIA
PANELA NO FOGO
BARRIGA VAZIA.

DOMÍNIO PÚBLICO.

**3** GALINHA CHOCA
COMEU MINHOCA
SAIU PULANDO
QUE NEM PIPOCA.

DOMÍNIO PÚBLICO.

# ESTUDO DO TEXTO

**1** OS TEXTOS QUE O PROFESSOR LEU SÃO PARLENDAS.

A) VOCÊ CONHECIA ESSAS PARLENDAS? CONHECE OUTRAS? QUAIS?

B) VOCÊ COSTUMA USAR PARLENDAS EM BRINCADEIRAS? COMO?

**2** RECORTE AS FIGURAS QUE ESTÃO NO FINAL DO LIVRO, NA PÁGINA 315, E COLE-AS AO LADO DAS PARLENDAS.

**3** NA PARLENDA 1, ALGUMAS PALAVRAS SÃO INVENTADAS! CIRCULE-AS.

- USE A IMAGINAÇÃO: O QUE VOCÊ ACHA QUE ELAS QUEREM DIZER?

**4** A PARLENDA 2 FOI COPIADA ABAIXO, MAS FALTAM AS PALAVRAS "FOGO" E "ASSOBIA". ESCREVA-AS NOS LUGARES CERTOS.

MEIO-DIA

MACACA _____

PANELA NO _____

BARRIGA VAZIA.

**5** CONFORME A PARLENDA 2, AO MEIO-DIA A _____ ASSOBIA E A _____ ESTÁ VAZIA.

**6** CIRCULE DOIS NOMES DE ANIMAL NA PARLENDA 3.

A) QUEM COMEU A MINHOCA?

_____

B) VOCÊ ACHOU ESSA PARLENDA ENGRAÇADA? POR QUÊ?

C) A GALINHA COMEU A MINHOCA E SAIU PULANDO QUE NEM PIPOCA. FAÇA UM DESENHO PARA MOSTRAR COMO VOCÊ IMAGINA ESSA CENA.

**PARLENDAS** SÃO TEXTOS CURTOS E COM RIMAS QUE AS CRIANÇAS USAM NAS BRINCADEIRAS. SÃO CONHECIDAS HÁ MUITO TEMPO: AS PESSOAS MAIS VELHAS AS ENSINAM ÀS MAIS NOVAS, E JÁ NÃO SE SABE QUEM AS CRIOU.

### AÍ VEM HISTÓRIA

OS POVOS INDÍGENAS TÊM MUITAS BRINCADEIRAS. ALGUMAS, COMO A BRINCADEIRA DE **PETECA**, OS NÃO INDÍGENAS CONHECEM, OUTRAS SÃO CONHECIDAS APENAS POR ELES. QUER SABER MAIS SOBRE A DIVERSÃO DAS CRIANÇAS INDÍGENAS? ENTÃO OUÇA A LEITURA DO TEXTO DA PÁGINA 250.

# ESTUDO DA ESCRITA

## SÍLABAS

**1** RELEIA ESTE VERSO DA PARLENDA 1.

UM SORVETE COLORÊ

A) SEPARE AS SÍLABAS DE **COLORÊ**: ☐ ☐ ☐

B) A PRIMEIRA SÍLABA DE **COLORÊ** TAMBÉM ESTÁ NO NOME DESTE ANIMAL. CIRCULE ESSA SÍLABA.

COELHO

**2** TROQUE A IMAGEM PELO NOME DELA E FORME UM VERSO DA PARLENDA 2.

 NO FOGO → _____

A) SEPARE AS SÍLABAS DE **PANELA**: ☐ ☐ ☐

B) AGORA CIRCULE A SÍLABA **PA** NESTAS PALAVRAS.

PALHAÇO         PIPA

# ORALIDADE

## PARLENDA

PARLENDAS SÃO PARA DIZER EM VOZ ALTA, ENTÃO PREPARE-SE PARA DECORAR A PARLENDA "HOJE É DOMINGO" E APRESENTÁ-LA ORALMENTE AOS COLEGAS.

HOJE É DOMINGO,
PEDE CACHIMBO.
O CACHIMBO É DE BARRO,
BATE NO JARRO.
O JARRO É DE OURO,
BATE NO TOURO.
O TOURO É VALENTE,
BATE NA GENTE.
A GENTE É FRACO,
CAI NO BURACO.
O BURACO É FUNDO,
ACABOU-SE O MUNDO.

DOMÍNIO PÚBLICO.

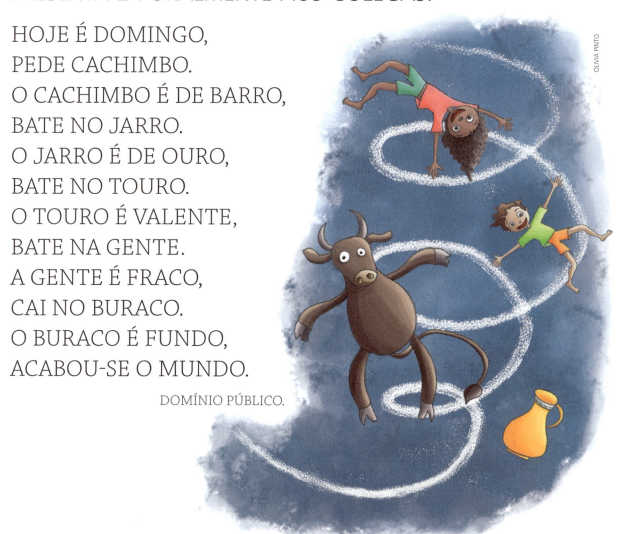

1. NA APRESENTAÇÃO, FALE OS VERSOS EM UM TOM DE VOZ QUE TODOS POSSAM OUVIR.
2. FALE MARCANDO BEM AS RIMAS. SE QUISER, ACOMPANHE OS VERSOS COM PALMAS: BATA DUAS PALMAS PARA CADA VERSO.

PARLENDA É BRINCADEIRA, ENTÃO BOM DIVERTIMENTO!

# PRODUÇÃO DE TEXTO

## PARLENDA

AS PARLENDAS QUE CONHECEMOS SURGIRAM HÁ BASTANTE TEMPO, E JÁ NÃO SE SABE QUEM AS CRIOU. AQUI, VOCÊ E OS SEUS COLEGAS VÃO AJUDAR A CRIAR UMA NOVA PARLENDA, PARA USAR EM SUAS PRÓXIMAS BRINCADEIRAS!

### PREPARAÇÃO

O PROFESSOR LERÁ CADA VERSO E AS TRÊS OPÇÕES DE PALAVRAS PARA COMPLETÁ-LO. CONVERSE COM OS COLEGAS E ESCOLHAM UMA DELAS.

PARA ESCOLHER CADA PALAVRA, PENSEM NAS RIMAS E NO SENTIDO DOS VERSOS: COMO ELES FICAM MAIS INTERESSANTES OU MAIS DIVERTIDOS?

### ESCRITA E REVISÃO

1. ESCREVA A PALAVRA ESCOLHIDA NO FIM DE CADA VERSO.
2. COM OS COLEGAS, CRIE UM NOME PARA A PARLENDA E ESCREVA-O NO COMEÇO DO TEXTO.
3. LEIA EM VOZ ALTA A PARLENDA TODA COM OS COLEGAS E O PROFESSOR. ELA FICOU INTERESSANTE, COM RIMAS E DIVERTIDA? SE QUISEREM, TROQUEM ALGUMAS PALAVRAS.

**TÍTULO:** _____

HOJE É _____
(FERIADO, SEGUNDA, MARTELO)

PEDE _____
(VARAL, CADEADO, MELADO)

_____ É GOSTOSO
(MELADO, CADEADO, VARAL)

MACIO E _____
(CARO, CHEIROSO, MANHOSO)

DA COR DO _____
(MARMELO, FERIADO, MELÃO)

ME PASSE O _____
(MARTELO, CARAMELO, CHINELO)

QUEM COME _____
(CANSAÇO, CAROÇO, BAGAÇO)

PRECISA DE _____
(ABRAÇO, BANHO, PENTE)

PRONTO! AGORA É SÓ DIZER A PARLENDA EM CASA OU PARA OS AMIGOS E COMEÇAR A BRINCAR!

# REVENDO O QUE APRENDI

**1** LEIA O NOME DAS IMAGENS, DEPOIS ESCREVA NOS QUADRINHOS AS **LETRAS** E AS **SÍLABAS** DE CADA NOME.

|  | LETRAS | SÍLABAS |
|---|---|---|
| RODA | ☐☐☐☐ | ☐☐ |
| ARARA | ☐☐☐☐☐ | ☐☐☐ |
| GIRAFA | ☐☐☐☐☐☐ | ☐☐☐ |
| COROA | ☐☐☐☐☐ | ☐☐☐ |

A) QUAL DAS PALAVRAS TEM MAIS LETRAS?
_____

B) QUAL TEM MENOS LETRAS?
_____

C) QUE PALAVRAS TÊM O MESMO NÚMERO DE LETRAS?
_____

D) QUE PALAVRAS TÊM O MESMO NÚMERO DE SÍLABAS?
_____

**2** LEIA COM O PROFESSOR E DESCUBRA O QUE É.

O QUE É, O QUE É?
ESTÁ NA ROUPA E NO RATO,
NO RELÓGIO DA RAINHA,
NO ROSTO, NO RETRATO
E LÁ NO RÁDIO DA VIZINHA.

ADIVINHA.

◆ CIRCULE A LETRA **R** TODAS AS VEZES QUE ELA APARECE NA ADIVINHA.

**3** COMPLETE AS PALAVRAS E ESCREVA-AS NO DIAGRAMA.

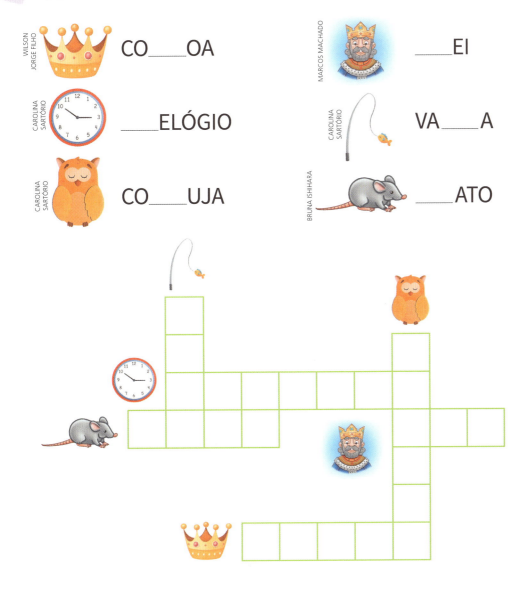

CO____OA

____EI

____ELÓGIO

VA____A

CO____UJA

____ATO

**4** TROQUE A PRIMEIRA LETRA POR **R** E ESCREVA NOVAS PALAVRAS.

A) GATO: _____.

B) PATA: _____.

C) LUA: _____.

D) CALO: _____.

◆ LEIA AS PALAVRAS QUE VOCÊ FORMOU.

**5** AS PALAVRAS DOS VERSOS ESTÃO GRUDADAS! COPIE UMA EM CADA ESPAÇO, DEPOIS LEIA A QUADRINHA.

SOUPEQUENINA

☐ ☐

CRIANÇAAMOROSA.

☐ ☐

TODOSMECHAMAM

☐ ☐ ☐

DECRIANÇAMIMOSA.

☐ ☐ ☐

DOMÍNIO PÚBLICO.

## PARA IR MAIS LONGE

### LIVROS

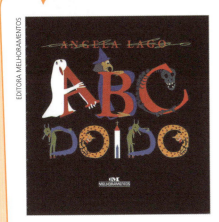

- **ABC DOIDO**, DE ANGELA LAGO. SÃO PAULO: MELHORAMENTOS, 2010.

  NESSE LIVRO HÁ ADIVINHAS QUE BRINCAM COM O ALFABETO, JOGOS E CHARADAS. VAMOS BRINCAR?

- **DO OUTRO LADO DA RUA**, DE CRIS EICH. CURITIBA: POSITIVO, 2011.

  UM GRUPO DE CRIANÇAS SAI EM BUSCA DE DIVERSÃO, MAS ELAS NEM IMAGINAM A SURPRESA QUE AS ESPERA DO OUTRO LADO DA RUA. VAMOS DESCOBRIR?

### SITE

- **CANTIGAS QUE ENCANTAM**, DO PROGRAMA *QUINTAL DA CULTURA*. DISPONÍVEL EM: <tvcultura.com.br/videos/37994_cantigas-que-encantam-balaio-30-10-15.html>. ACESSO EM: 7 ABR. 2017.

  ASSISTA AOS VÍDEOS DE CANTIGAS QUE ENCANTAM. VOCÊ VAI SE DIVERTIR COM "BALAIO", "MEU LIMÃO, MEU LIMOEIRO" E MUITAS OUTRAS CANTIGAS.

**CANTIGAS QUE ENCANTAM**

# UNIDADE 7

## QUEM SÃO ELES?

- VOCÊ CONHECE OS ANIMAIS QUE APARECEM NAS IMAGENS? ONDE ELES VIVEM?
- DE QUAL DESSES BICHOS VOCÊ GOSTA MAIS? POR QUÊ?
- VOCÊ JÁ OUVIU OU LEU HISTÓRIAS COM ANIMAIS? QUAIS? CONTE PARA OS COLEGAS E O PROFESSOR.

DANIEL CABRAL

# O QUE ESTÁ ERRADO?

**1** NA HORA DE FAZER OS ANIMAIS, O DESENHISTA SE ATRAPALHOU! O QUE ESTÁ TROCADO? LIGUE OS PARES QUE PRECISAM DESFAZER A TROCA!

**2** O PROFESSOR LERÁ UMA HISTÓRIA COM ANIMAIS. PARA SABER QUEM SÃO OS PERSONAGENS, DECIFRE O CÓDIGO.

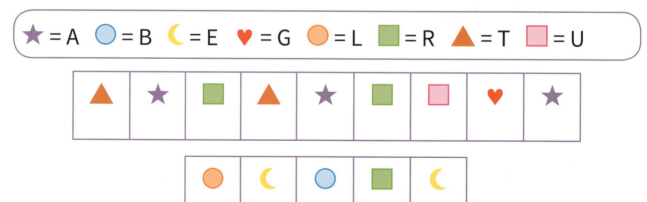

**3** E ENTÃO? VOCÊ JÁ OUVIU ALGUMA HISTÓRIA COM ESSES PERSONAGENS? QUAL ERA O ASSUNTO DA HISTÓRIA?

# TEXTO 1 FÁBULA

## A LEBRE E A TARTARUGA

UM DIA UMA LEBRE SE GABAVA DE SUA FANTÁSTICA VELOCIDADE.

– NINGUÉM CORRE MAIS DEPRESSA DO QUE EU! SOU MAIS VELOZ DO QUE O VENTO! DESAFIO QUALQUER ANIMAL A CORRER COMIGO!

O QUE VOCÊ ACHA QUE VAI ACONTECER? SERÁ QUE ALGUÉM VAI ACEITAR O DESAFIO? QUE ANIMAIS CONSEGUIRIAM COMPETIR COM A LEBRE? POR QUÊ?

NINGUÉM SE DISPUNHA A ACEITAR, QUANDO A TARTARUGA DISSE:

– EU TOPO.

TODOS RIRAM, PRINCIPALMENTE A LEBRE.

POR QUE TODOS RIRAM?

– VOCÊ ESPERA VENCER-ME?
– VAMOS VER...

COMBINARAM QUE CORRERIAM AO REDOR DO BOSQUE, ATÉ VOLTAREM AO PONTO DE PARTIDA.

DADO O SINAL, A LEBRE DISPAROU E DESAPARECEU, ENQUANTO A TARTARUGA COMEÇOU A MARCHAR LENTAMENTE.

> SERÁ QUE A LEBRE VAI GANHAR? DÊ SUA OPINIÃO.

EM POUCO TEMPO A LEBRE ESTAVA TÃO DISTANTE QUE RESOLVEU DESCANSAR NA RELVA MACIA. E DORMIU.

> AGORA SIM, É A DECISÃO. COMO VOCÊ ACHA QUE A HISTÓRIA TERMINA?

POR ELA PASSOU A TARTARUGA, LENTAMENTE. E LENTAMENTE CHEGOU AO FINAL, ANTES DA LEBRE.

MORAL DA HISTÓRIA: TER PACIÊNCIA VALE MAIS DO QUE TER PRESSA.

GUILHERME FIGUEIREDO. *FÁBULAS DE ESOPO*. SÃO PAULO: EDIOURO, 1997.

## GLOSSÁRIO

**DISPOR-SE A:** RESOLVER, DECIDIR.
**GABAR-SE:** FALAR COM EXAGERO DAS PRÓPRIAS QUALIDADES.
**RELVA:** GRAMA.
**TOPAR:** ACEITAR.

## QUEM ESCREVEU?

**ESOPO** VIVEU NA GRÉCIA MAIS DE 2 MIL ANOS ATRÁS. ESCREVEU MUITAS HISTÓRIAS EM QUE OS ANIMAIS AGEM COMO PESSOAS.
**GUILHERME FIGUEIREDO** (1915-1997) NASCEU EM CAMPINAS (SÃO PAULO). ALÉM DAS VERSÕES DE FÁBULAS DE ESOPO, ESCREVEU VÁRIAS PEÇAS DE TEATRO.

▶ GUILHERME FIGUEIREDO.

# ESTUDO DO TEXTO

**1** QUAL PERSONAGEM ACEITOU DISPUTAR UMA CORRIDA COM A LEBRE?

_____

**2** PINTE O DESENHO DO ANIMAL QUE VENCEU A CORRIDA.

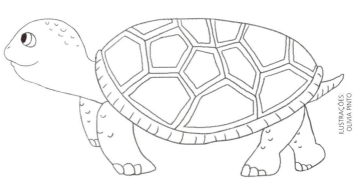

**3** A TARTARUGA VENCEU A CORRIDA PORQUE:

☐ TEVE PACIÊNCIA, CALMA.

☐ TEVE MUITA PRESSA.

☐ ENGANOU A LEBRE.

**4** A LEBRE DISSE QUE ERA MAIS VELOZ DO QUE O VENTO. SER VELOZ É SER:

☐ RÁPIDO.

☐ LENTO.

**5** CONVERSE COM OS COLEGAS E O PROFESSOR.

**A)** QUANDO UMA PESSOA SE ACHA MUITO MELHOR DO QUE OS OUTROS E FALA DE SUAS QUALIDADES COM EXAGERO, ELA PODE SER CONSIDERADA PRESUNÇOSA. QUE PERSONAGEM DA HISTÓRIA É PRESUNÇOSA? JUSTIFIQUE SUA RESPOSTA.

**B)** PARA A TARTARUGA, VALEU A PENA TER PACIÊNCIA? POR QUÊ?

**6** SERÁ QUE, NESSA HISTÓRIA, A LEBRE E A TARTARUGA AGIRAM COMO ANIMAIS? NO QUADRO ABAIXO, INDIQUE COM UM **X** SE AS ATITUDES SÃO DE BICHO OU DE GENTE.

|  | PRÓPRIO DOS ANIMAIS | PRÓPRIO DAS PESSOAS |
|---|---|---|
| FALAR |  |  |
| SER PRESUNÇOSO |  |  |
| APOSTAR CORRIDA |  |  |
| RIR DOS OUTROS |  |  |
| TER PACIÊNCIA |  |  |

- O QUE VOCÊ PERCEBEU? AS PERSONAGENS DESSA HISTÓRIA:

    ☐ AGEM COMO ANIMAIS.

    ☐ AGEM COMO PESSOAS.

> O TEXTO "A LEBRE E A TARTARUGA" É UMA FÁBULA. NAS FÁBULAS, GERALMENTE OS PERSONAGENS SÃO ANIMAIS QUE AGEM COMO PESSOAS.

**7** EM SUA OPINIÃO, A FÁBULA "A LEBRE E A TARTARUGA" É UMA HISTÓRIA PARA CRIANÇAS OU PARA ADULTOS? POR QUÊ?

**8** ANTIGAMENTE, AS FÁBULAS ERAM CONTADAS APENAS ORALMENTE E TRANSMITIAM UM ENSINAMENTO A QUEM AS OUVIA. O QUE ESSA FÁBULA ENSINA ÀS PESSOAS?

> AS FÁBULAS TERMINAM COM UM ENSINAMENTO, A **MORAL DA HISTÓRIA**.

**9** COPIE NAS LINHAS A MORAL DA FÁBULA DA LEBRE E DA TARTARUGA.

_____

_____

_____

_____

# ESTUDO DA ESCRITA

## LETRAS E SÍLABAS

**1** VEJA ESTE QUADRO.

| | | | |
|---|---|---|---|
| T | tigre | peixe | pato |
| A | macaco | aranha | polvo |
| R | girafa | zebra | rinoceronte |
| T | pinguim | tubarão | borboleta |
| A | veado | flamingo | anta |
| R | rato | cabra | jacaré |
| U | raposa | esquilo | urso |
| G | gato | cachorro | canguru |
| A | vaca | abelha | leão |

A) LEIA DE CIMA PARA BAIXO AS LETRAS DA PRIMEIRA COLUNA. QUE PALAVRA ELAS FORMAM?

_____

B) EM CADA LINHA DO QUADRO, MARQUE COM **X** O ANIMAL QUE TEM NOME COMEÇADO COM A LETRA DO PRIMEIRO QUADRINHO.

**2** FORME A PALAVRA **TARTARUGA** COM O ALFABETO MÓVEL.

A) SEPARE AS SÍLABAS DA PALAVRA QUE VOCÊ MONTOU.

B) QUANTAS SÍLABAS ESSA PALAVRA TEM? ☐

C) HÁ ALGUMA SÍLABA SEM VOGAL? _____

D) ESCREVA A ÚLTIMA SÍLABA DE **TARTARUGA**: _____.

**3** LEIA AS PALAVRAS E CIRCULE A SÍLABA **GA**.

GALO  MARGARIDA  TARTARUGA

PINTE ESSAS PALAVRAS SEGUINDO O CÓDIGO:

- SÍLABA **GA** NO COMEÇO DA PALAVRA: PINTE DE 🔴;
- SÍLABA **GA** NO MEIO DA PALAVRA: PINTE DE 🔵;
- SÍLABA **GA** NO FIM DA PALAVRA: PINTE DE 🟢.

**4** MUDAR A POSIÇÃO DAS LETRAS DE UMA PALAVRA PODE CRIAR NOVAS PALAVRAS. QUER VER?

**A)** FORME COM O ALFABETO MÓVEL A PALAVRA **GALO**.

- TROQUE DE POSIÇÃO AS LETRAS **A** E **O**.
- ESCREVA A PALAVRA QUE VOCÊ FORMOU.

_____

**B)** AGORA ESCREVA **GATO** COM O ALFABETO MÓVEL.

- TROQUE DE POSIÇÃO AS LETRAS **A** E **O**. LEIA EM VOZ ALTA A PALAVRA QUE VOCÊ FORMOU, DEPOIS ESCREVA-A.

_____

**5** COPIE CADA SÍLABA EM UM QUADRINHO.

**A)** GOLA: ☐ ☐   **B)** GOTA: ☐ ☐

**6** COM A PRIMEIRA SÍLABA DE **GOTA** E **GOLA**, FORME OUTRAS PALAVRAS.

_____RILA        AR_____LA        PRE_____

**7** TROQUE A LETRA **O** DE **GOLA** POR **U**. QUE PALAVRA VOCÊ FORMOU?

_____

- CONVERSE COM OS COLEGAS E O PROFESSOR: O QUE ESSA PALAVRA QUER DIZER?

**8** COM **GU** SE ESCREVE **AGULHA**. ESSA PALAVRA ESTÁ ESCONDIDA NO MEIO DAS LETRAS. CIRCULE-A.

AGUJIAGUOLINHAAGULHAAULMAGULEA

**9** LEIA COM O PROFESSOR O NOME DE UMA FÁBULA.

A CIGARRA E A FORMIGA

A) VOCÊ CONHECE ESSA FÁBULA? O QUE ELA CONTA?

B) ESCREVA NOS QUADRINHOS AS SÍLABAS DE **FORMIGA**.

C) PINTE O QUADRINHO COM A SÍLABA **GA**.

**10** COMPLETE O DIAGRAMA COM AS SÍLABAS QUE FALTAM.

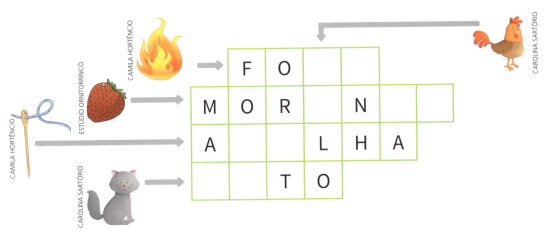

## TEXTO 2 — FICHA INFORMATIVA

**1** VOCÊ LEU UMA FÁBULA EM QUE AS PERSONAGENS SÃO UMA LEBRE E UMA TARTARUGA. MAS VOCÊ SABIA QUE A MAIORIA DAS TARTARUGAS VIVE NA ÁGUA, E NÃO NA TERRA? E QUE MUITA GENTE CONFUNDE TARTARUGA COM JABUTI E LEBRE COM COELHO?

**2** TESTE SEUS CONHECIMENTOS SOBRE ANIMAIS LIGANDO AS IMAGENS AOS NOMES.

**3** VOCÊ GOSTA DE LER OU OUVIR INFORMAÇÕES SOBRE ANIMAIS? ENTÃO ACOMPANHE A LEITURA DO PROFESSOR SOBRE UMA TARTARUGA QUE PODE TER O TAMANHO DE UMA PESSOA ADULTA!

## FICHA DO ANIMAL

**NOME:** TARTARUGA-VERDE OU ARUANÃ

**HÁBITAT:** VIVE NO MAR, GERALMENTE EM ÁGUAS PRÓXIMAS DA COSTA OU PERTO DE ILHAS.

**PESO:** DE 40 QUILOS A 160 QUILOS.

**TAMANHO:** DE 70 CENTÍMETROS A 150 CENTÍMETROS.

**ALIMENTAÇÃO:** COME VEGETAIS EXISTENTES NO MAR.

**REPRODUÇÃO:** A FÊMEA SAI DA ÁGUA E PÕE OS OVOS EM UM NINHO (DE 38 A 195 OVOS POR NINHO).

**CURIOSIDADES:** É CONHECIDA COMO TARTARUGA--VERDE POR CAUSA DA COR DA GORDURA QUE FICA ABAIXO DA CARAPAÇA (CASCO). É A MAIOR TARTARUGA MARINHA DE CARAPAÇA DURA.

FONTES: <https://brasilemsintese.ibge.gov.br/educacao/493-teen/teen-biblioteca/livros-online/fauna-ameacada-de-exterminio/o-livro/2803-tartaruga-verde.html>; <www.ufrgs.br/ceclimar/ceram/fauna-marinha-e-costeira/tartarugas-marinhas>. ACESSO EM: 7 ABR. 2017.

## GLOSSÁRIO

**HÁBITAT:** LUGAR ONDE UM ANIMAL OU UMA PLANTA VIVE.
**REPRODUÇÃO:** MANEIRA COMO OS ANIMAIS TÊM FILHOTES, AS PESSOAS TÊM FILHOS E AS PLANTAS FORMAM NOVAS PLANTAS.

# ESTUDO DO TEXTO

1. O TEXTO LIDO É UMA FICHA INFORMATIVA. ELE DÁ INFORMAÇÕES SOBRE QUAL ANIMAL?

2. A TARTARUGA-VERDE VIVE NO MAR, POR ISSO DIZEMOS QUE ELA É UM ANIMAL:

    ☐ MARINHO.   ☐ TERRESTRE.   ☐ AÉREO.

3. DE QUE A TARTARUGA-VERDE SE ALIMENTA?

4. A TARTARUGA-VERDE TEM ESSE NOME PORQUE:

    ☐ SUA GORDURA É VERDE.

    ☐ SEU CASCO É VERDE.

▶ TARTARUGA-VERDE.

5. NO TEXTO SE DIZ QUE O PESO DA TARTARUGA-VERDE É "DE 40 QUILOS A 160 QUILOS". ENTÃO ESSAS TARTARUGAS PESAM:

    ☐ MAIS DE 160 QUILOS.

    ☐ MENOS DE 40 QUILOS.

    ☐ ENTRE 40 QUILOS E 160 QUILOS.

6. A FICHA TEM SETE PARTES (OU ITENS). A PRIMEIRA PARTE DIZ O NOME DO ANIMAL. E AS OUTRAS PARTES? SOBRE O QUE ELAS FALAM? CONVERSE COM OS COLEGAS.

**7** O PROFESSOR VAI LER OUTRO TEXTO SOBRE TARTARUGAS-VERDES. OUÇA A LEITURA E COMPARE ESTE TEXTO COM A FICHA INFORMATIVA.

O NOME CIENTÍFICO DA TARTARUGA-VERDE É *CHELONIA MYDAS*. ESSA TARTARUGA VIVE NO MAR, EM DIVERSAS ZONAS DO PLANETA ONDE O CLIMA É QUENTE, E PREFERE FICAR EM ÁGUAS PRÓXIMAS DA COSTA OU PERTO DE ILHAS.

NA ÉPOCA DA DESOVA, A FÊMEA SAI DA ÁGUA E DEPOSITA SEUS OVOS EM NINHOS. EM CADA NINHO, ELA COLOCA ENTRE 38 E 195 OVOS.

AS TARTARUGAS-VERDES PESAM DE 40 KG A 160 KG, TÊM DE 70 CM A 150 CM E SE ALIMENTAM DE VEGETAIS EXISTENTES NO MAR.

A TARTARUGA-VERDE TEM ESSE NOME POR CAUSA DA COR DA GORDURA QUE FICA ABAIXO DA CARAPAÇA (CASCO). ELA É A MAIOR DAS TARTARUGAS MARINHAS DE CARAPAÇA DURA.

▶ TARTARUGA-VERDE QUE SAIU DA ÁGUA PARA DESOVAR. ILHAS SEYCHELLES, ÁFRICA.

FONTES: <https://brasilemsintese.ibge.gov.br/educacao/493-teen/teen-biblioteca/livros-online/fauna-ameacada-de-exterminio/o-livro/2803-tartaruga-verde.html>; <www.ufrgs.br/ceclimar/ceram/fauna-marinha-e-costeira/tartarugas-marinhas>. ACESSO EM: 7 ABR. 2017.

CONVERSE COM OS COLEGAS E O PROFESSOR.

A) QUE INFORMAÇÕES DESSE TEXTO NÃO ESTÃO NA FICHA?

B) ESSE TEXTO ESTÁ SEPARADO EM ITENS (PARTES) COMO A FICHA? EXPLIQUE.

C) PARA PESQUISAR INFORMAÇÕES SOBRE A TARTARUGA-VERDE, VOCÊ ACHA MAIS FÁCIL CONSULTAR ESSE TEXTO OU A FICHA? POR QUÊ?

**8** A FICHA DA TARTARUGA-VERDE DÁ INFORMAÇÕES CIENTÍFICAS SOBRE ESSE ANIMAL.

A) EM SUA OPINIÃO, QUEM GOSTARIA DE LER UMA FICHA COMO ESSA?

B) ONDE PODEMOS PESQUISAR QUANDO QUEREMOS INFORMAÇÕES SOBRE BICHOS?

- [ ] *SITES*.
- [ ] ENCICLOPÉDIAS.
- [ ] LIVROS DE FÁBULAS.
- [ ] REVISTAS.

> **FICHAS INFORMATIVAS** SÃO TEXTOS CURTOS COM INFORMAÇÕES RESUMIDAS E ORGANIZADAS EM PARTES OU ITENS.

### AÍ VEM HISTÓRIA

A FÁBULA "A CIGARRA E AS FORMIGAS", DE ESOPO, É UMA DAS MAIS CONHECIDAS; EXISTEM TIRINHAS, DESENHOS ANIMADOS E PEÇAS DE TEATRO BASEADOS NELA. A SEGUIR, O PROFESSOR VAI LER, NA PÁGINA 252, UMA VERSÃO DESSA FÁBULA. OUÇA-O COM ATENÇÃO.

# ESTUDO DA ESCRITA

## SONS, LETRAS E PALAVRAS

**1** OBSERVE AS IMAGENS E FALE O NOME DELAS.

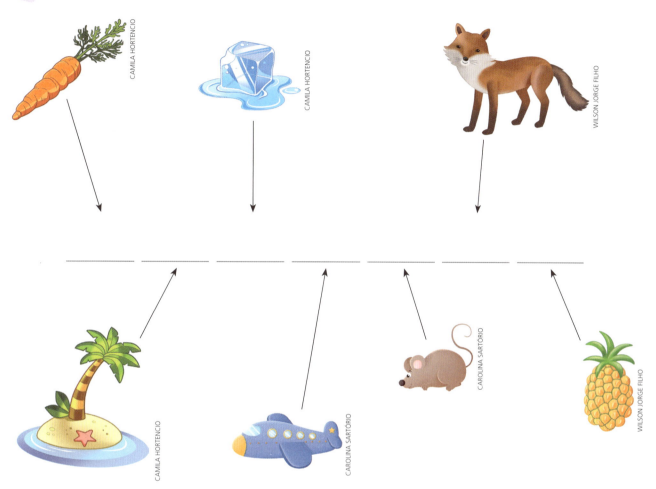

A) ESCREVA A PRIMEIRA LETRA DE CADA NOME NAS LINHAS E FORME O NOME DE UM INSETO.

B) LEIA COM OS COLEGAS E O PROFESSOR A PALAVRA QUE VOCÊ FORMOU.

**2** AGORA ESCREVA O NOME DO INSETO COM AS LETRAS DO ALFABETO MÓVEL E, EM SEGUIDA, COPIE-O NA LINHA.

**3** LEIA NOVAMENTE EM VOZ ALTA: **CIGARRA**.

A) O SOM DAS LETRAS **RR** É IGUAL AO SOM:

☐ DA LETRA **R** EM **RATO**.

☐ DA LETRA **R** EM **GIRAFA**.

**4** LEIA COM OS COLEGAS E O PROFESSOR AS PALAVRAS DA PRIMEIRA COLUNA.

| | |
|---|---|
| ARANHA | AR____ANHA |
| CARETA | CAR____ETA |
| CARINHO | CAR____INHO |
| CARO | CAR____O |
| MURO | MUR____O |

A) COLOQUE MAIS UM **R** NAS PALAVRAS DA SEGUNDA COLUNA E FORME NOVAS PALAVRAS.

B) LEIA COM OS COLEGAS E O PROFESSOR AS PALAVRAS QUE VOCÊ FORMOU.

# ORDEM ALFABÉTICA

**1** VAMOS LEMBRAR A ORDEM DAS LETRAS NO ALFABETO? FALE ALTO O NOME DAS LETRAS COM OS COLEGAS.

A B C D E F G H I J K L M N O P Q R S T U V W X Y Z

A) AGORA LIGUE OS PONTOS SEGUINDO A ORDEM ALFABÉTICA E FORME UMA FIGURA. PINTE A FIGURA QUE VOCÊ FORMAR.

B) O QUE A MENINA ESTÁ FAZENDO? CONTE AOS COLEGAS.

# COMO EU VEJO
## ANIMAIS EM EXTINÇÃO

**VOCÊ CONHECE ESTES ANIMAIS?**

TIGRE-DA-TASMÂNIA.

DODÔ.

ELES DEIXARAM DE EXISTIR NO PLANETA HÁ MAIS DE 100 ANOS! SÃO ESPÉCIES QUE DESAPARECERAM, ESTÃO EXTINTAS.

MUITAS OUTRAS ESPÉCIES ANIMAIS TAMBÉM JÁ NÃO EXISTEM, E MAIS ANIMAIS CORREM RISCO DE EXTINÇÃO. RECORTE AS IMAGENS DA PÁGINA 317, COLE-AS NOS ESPAÇOS E VEJA ALGUNS EXEMPLOS DE ESPÉCIES ANIMAIS EM RISCO DE DESAPARECER.

TARTARUGA-VERDE

# COMO EU TRANSFORMO
## PROTEÇÃO AOS ANIMAIS

 ARTE   CIÊNCIAS

### O QUE VAMOS FAZER?
CARTAZES PARA UMA CAMPANHA DE PROTEÇÃO AOS ANIMAIS SILVESTRES.

### PARA QUE FAZER?
PARA MAIS GENTE SABER QUAIS SÃO OS ANIMAIS SILVESTRES E AJUDAR A IMPEDIR A CAPTURA E A VENDA ILEGAL DELES.

### COM QUEM FAZER?
COM OS COLEGAS E O PROFESSOR.

### COMO FAZER?

CHRISTIANE S. MESSIAS

**1** ESCREVA O NOME DE SEUS ANIMAIS PREFERIDOS.

_____

_____

**2** CONVERSE COM OS COLEGAS E O PROFESSOR:
- ALGUM DOS ANIMAIS DE QUE VOCÊ GOSTA É SILVESTRE?
- POR QUE NÃO DEVEMOS COMPRAR ANIMAIS SILVESTRES CAPTURADOS E VENDIDOS ILEGALMENTE?
- COMO SABER QUAIS ANIMAIS SÃO SILVESTRES?

**3** QUER COLABORAR PARA PROTEGER ESSES ANIMAIS? SIGA AS ORIENTAÇÕES DO PROFESSOR PARA FAZER UM CARTAZ.

**4** OS CARTAZES DA TURMA SERÃO AFIXADOS NA ESCOLA, ASSIM MAIS PESSOAS CONHECERÃO OS ANIMAIS SILVESTRES E AJUDARÃO A COMBATER O CRIME DE TRÁFICO.

GOSTOU DA ATIVIDADE? VOCÊ FEZ SUA PARTE NAS TAREFAS?

## PRODUÇÃO DE TEXTO

## FICHA INFORMATIVA

QUE TAL ESCREVER COM OS COLEGAS E O PROFESSOR UMA FICHA INFORMATIVA SOBRE O MICO-LEÃO-DOURADO?

NO FINAL, ELA PODERÁ SER DOADA À BIBLIOTECA DA ESCOLA PARA QUE MAIS PESSOAS CONHEÇAM ESSE ANIMAL.

### PREPARAÇÃO

1. RECORTE A FICHA DA PÁGINA 319 E OBSERVE COM OS COLEGAS OS ITENS QUE VOCÊS DEVEM PREENCHER.

2. ACOMPANHE A LEITURA QUE O PROFESSOR VAI FAZER DE UM TEXTO SOBRE O MICO-LEÃO-DOURADO.

- O QUE VOCÊ SABE SOBRE ESSE ANIMAL?
- SERÁ QUE TODAS AS INFORMAÇÕES DADAS NESTE TEXTO VÃO SER USADAS NA FICHA QUE VOCÊ E OS COLEGAS IRÃO PRODUZIR?

### MICO-LEÃO-DOURADO

O MICO-LEÃO-DOURADO TEM PELOS DOURADOS OU AVERMELHADOS E UMA LONGA CAUDA. ELE PESA ENTRE 500 G E 600 G E TEM CERCA DE 60 CM DE COMPRIMENTO, CONTANDO A CAUDA.

ALIMENTA-SE DE FRUTAS, INSETOS, OVOS, PEQUENOS PÁSSAROS E LAGARTOS.

▶ O MICO-LEÃO-DOURADO CORRE RISCO DE EXTINÇÃO.

NÃO HÁ DIFERENÇA DE COR E TAMANHO ENTRE MACHOS E FÊMEAS. E, QUANDO OS FILHOTES NASCEM, O PAI E A MÃE CUIDAM DELES.

O MICO-LEÃO-DOURADO ESTÁ AMEAÇADO DE EXTINÇÃO POR VÁRIOS MOTIVOS. UM DELES É QUE SEU HÁBITAT, A MATA ATLÂNTICA, VEM SENDO DESTRUÍDO E POLUÍDO.

▶ UMA FÊMEA DE MICO-LEÃO-DOURADO COM SEU FILHOTE.

FONTES: <www.wwf.org.br/natureza_brasileira/especiais/biodiversidade/especie_do_mes/maio_mico_leao_dourado.cfm>; <www.icmbio.gov.br/portal/faunabrasileira/estado-de-conservacao/7213-mamiferos-leontopithecus-rosalia-mico-leao-dourado>. ACESSO EM: 7 ABR. 2017.

## SELEÇÃO DE INFORMAÇÕES E ESCRITA

1. COM OS COLEGAS, DIGA AO PROFESSOR QUAIS INFORMAÇÕES DO TEXTO ACIMA VÃO SER ESCRITAS EM CADA ITEM DA FICHA. ELE IRÁ REGISTRÁ-LAS NA LOUSA.

2. RELEIAM COM O PROFESSOR O QUE ELE ESCREVEU.
   - VOCÊS SELECIONARAM AS INFORMAÇÕES PEDIDAS EM CADA ITEM DA FICHA?
   - É FÁCIL ENTENDER A LINGUAGEM USADA?

3. SE FOR PRECISO, PEÇAM AO PROFESSOR QUE TROQUE ALGUMAS PALAVRAS OU QUE REESCREVA ALGUNS ITENS. LEIAM O TEXTO MAIS UMA VEZ.

## PRODUÇÃO DA FICHA

1. COPIE NA FICHA QUE VOCÊ RECORTOU O TEXTO QUE O PROFESSOR REGISTROU NA LOUSA.
2. NO ESPAÇO PARA A IMAGEM, DESENHE UM MICO-LEÃO-DOURADO OU COLE UMA FOTOGRAFIA DELE.
3. NO FINAL DA FICHA, ESCREVA:
   - A DATA;
   - A IDENTIFICAÇÃO DA TURMA;
   - O NOME DO PROFESSOR.

## REVISÃO

1. RELEIA A FICHA E CONFIRA:
   - VOCÊ ESCREVEU AS PALAVRAS SEM GRUDAR UMA NA OUTRA?
   - AS PALAVRAS ESTÃO ESCRITAS COM AS LETRAS CERTAS?
2. COM A ORIENTAÇÃO DO PROFESSOR, FORME DUPLA COM UM COLEGA E COMPARE SUA FICHA COM A DELE.
   - VOCÊS PREENCHERAM TODOS OS ITENS?
   - ESCREVERAM CADA INFORMAÇÃO NO LUGAR CERTO?
3. MOSTRE O TEXTO AO PROFESSOR E REFAÇA O QUE FOR PRECISO.

## DIVULGAÇÃO

1. MOSTRE SUA FICHA PARA AS PESSOAS QUE MORAM COM VOCÊ.
   - PERGUNTE A ELAS SE CONHECIAM O MICO-LEÃO-DOURADO E SE TÊM MAIS INFORMAÇÕES SOBRE ELE.
   - CONTE O QUE FICAR SABENDO PARA OS COLEGAS E O PROFESSOR.
2. AJUDE O PROFESSOR A ESCOLHER UMA DAS PRODUÇÕES DA TURMA PARA DOAR À BIBLIOTECA DA ESCOLA.

## REVENDO O QUE APRENDI

**1** DESEMBARALHE AS SÍLABAS E FORME O NOME DE UM ANIMAL QUE TEM CASCO.

RU   TA   GA   TAR   ⟶   _____

A) CIRCULE NESSA PALAVRA AS SÍLABAS COM **R**.

B) QUE SÍLABAS RESTARAM NA PALAVRA? COPIE-AS NOS QUADRINHOS.

☐ ☐

C) INVERTA A POSIÇÃO DESSAS SÍLABAS E FORME O NOME DA FÊMEA DE UM ANIMAL QUE ADORA DORMIR!

_____

**2** COPIE AS PALAVRAS COLOCANDO CADA SÍLABA EM UM QUADRINHO.

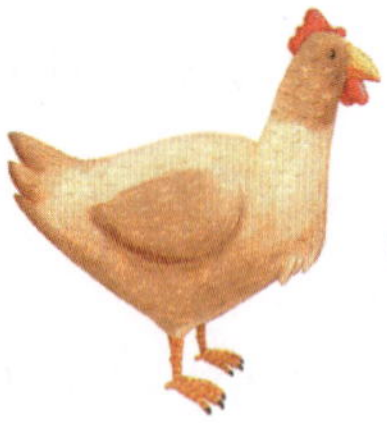

GALINHA: ☐ ☐ ☐

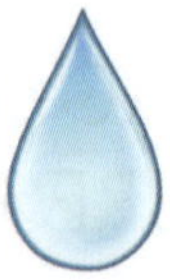

GOTA: ☐ ☐

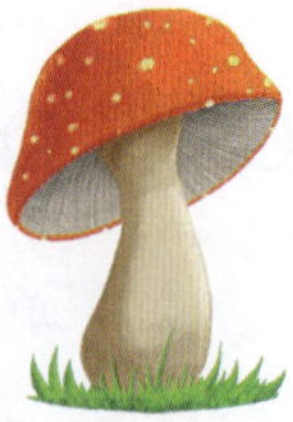

COGUMELO: ☐ ☐ ☐ ☐

**3** COM OS COLEGAS E O PROFESSOR, FALE O NOME DOS DESENHOS, DEPOIS LIGUE AS IMAGENS AOS NOMES.

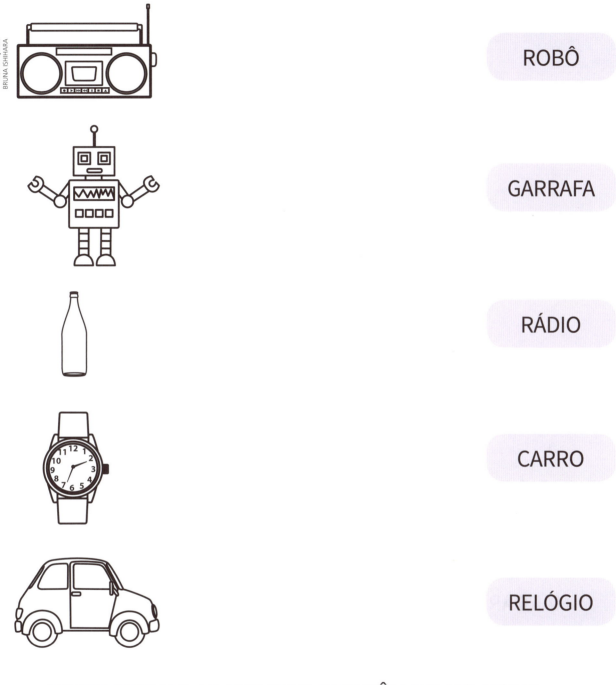

- PINTE APENAS AS FIGURAS QUE TÊM **RR** NO NOME.

**4** NAS PALAVRAS **R**OBÔ, GA**RR**AFA, **R**ÁDIO, CA**RR**O E **R**ELÓGIO, AS LETRAS DESTACADAS REPRESENTAM:

☐ O MESMO SOM. ☐ SONS DIFERENTES.

**5** FALTA SÓ UMA SÍLABA NO NOME DESTA FLOR. ESCREVA-A.

    MAR_____RIDA

A) SEPARE AS SÍLABAS DA PALAVRA QUE VOCÊ FORMOU E PINTE A SÍLABA QUE TERMINA COM **R**.

B) LEIA O NOME DOS DESENHOS PRESTANDO ATENÇÃO NAS SÍLABAS, DEPOIS CIRCULE A SÍLABA QUE TERMINA EM **R**.

          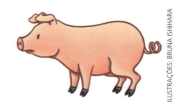

CARNEIRO                PORCO

**6** COPIE AS SÍLABAS **DESTACADAS** NESTAS PALAVRAS.

MAR**GA**RIDA       CARNEI**RO**       GO**TA**

⬇                  ⬇                  ⬇

_____           _____           _____

A) JUNTE AS SÍLABAS E ESCREVA UMA NOVA PALAVRA.

_____

B) LEIA COM OS COLEGAS A PALAVRA FORMADA.

## PARA IR MAIS LONGE

### LIVROS

▶ **FESTA NO CÉU**, RECONTADA POR BRAGUINHA. RIO DE JANEIRO: ROCCO, 2010.

UM FESTEJO PARA BICHOS QUE VOAM AGITA O MUNDO ANIMAL. ENCIUMADO, O SAPO CRIA UM ESCARCÉU. MAS SAPO NÃO VOA, COMO ELE SUBIRÁ ATÉ AS NUVENS?

▶ **TAMANHO NÃO É DOCUMENTO**, DE TATIANA BELINKY. SÃO PAULO: PAULINAS, 2008.

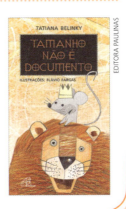

NESSA ADAPTAÇÃO DA FÁBULA "O LEÃO E O RATO", UM RATINHO SAI PELA FLORESTA E TOPA COM UM LEÃO. SERÁ QUE ELE É DEVORADO? A CONTINUAÇÃO DA HISTÓRIA PODE SURPREENDER O LEITOR.

### FILME

▶ **RIO**. DIREÇÃO DE CARLOS SALDANHA. ESTADOS UNIDOS: 20TH CENTURY FOX/ BLUE SKY STUDIOS, 2011, 95 MIN.

CONHEÇA AS AVENTURAS DE BLU E JADE, DUAS ARARINHAS-AZUIS QUE SÃO SEQUESTRADAS POR VENDEDORES DE AVES RARAS NO RIO DE JANEIRO.

### VISITAÇÃO

▶ **PARQUE ZOOBOTÂNICO DO MUSEU EMÍLIO GOELDI**. AV. GOVERNADOR MAGALHÃES BARATA, 376 – SÃO BRAZ, BELÉM (PA).

O PEIXE-BOI, A ONÇA-PINTADA E A ARIRANHA – MAMÍFEROS AMEAÇADOS DE EXTINÇÃO – SÃO AS GRANDES ATRAÇÕES DO PARQUE. COTIAS, IGUANAS, PACAS E OUTRAS ESPÉCIES PASSEIAM SOLTAS JUNTO DO PÚBLICO.

# UNIDADE 8
## VOCÊ SABIA?

- O QUE AS CRIANÇAS REPRESENTADAS NA IMAGEM ESTÃO FAZENDO?
- VOCÊ SABIA QUE OBSERVAR PÁSSAROS E ANOTAR O QUE FAZEM PODE AJUDAR A PRESERVAR ESSES ANIMAIS? CONVERSE COM OS COLEGAS SOBRE ISSO.

# JOGO DAS CURIOSIDADES

O PROFESSOR VAI LER CURIOSIDADES SOBRE ALGUNS ANIMAIS. FAÇA UM **X** NO QUADRO CADA VEZ QUE ACERTAR A QUAL BICHO A CURIOSIDADE SE REFERE.

| CURIOSIDADE | ACERTO |
|---|---|
| 1ª | |
| 2ª | |
| 3ª | |
| 4ª | |
| 5ª | |
| 6ª | |

MARCOS MACHADO

**1** VOCÊ GOSTA DE LER INFORMAÇÕES SOBRE ANIMAIS? POR QUÊ?

**2** VOCÊ IMAGINA QUEM É QUE ESCREVE OS TEXTOS COM ESSAS INFORMAÇÕES? CONVERSE COM OS COLEGAS.

**3** O PROFESSOR VAI LER UM TEXTO SOBRE A MENOR AVE DO MUNDO. QUAL SERÁ ESSA AVE?

# TEXTO 1 — TEXTO DE CURIOSIDADE CIENTÍFICA

**O BEIJA-FLOR**

▶ BEIJA-FLOR ALIMENTANDO-SE DE NÉCTAR DE FLOR.

O BEIJA-FLOR É A MENOR AVE DA NATUREZA. SEUS OVOS NÃO SÃO MAIORES QUE UMA ERVILHA DE TAMANHO MÉDIO. OS FILHOTES, LOGO QUE NASCEM, SÃO MENORES QUE UM GAFANHOTO COMUM E UMA NINHADA CABE DENTRO DE UMA COLHER DE CHÁ. SEU CORAÇÃO BATE MIL VEZES POR MINUTO, ENQUANTO O DE UMA BALEIA-AZUL E O DE UM ELEFANTE CHEGAM A BATER 25 VEZES NO MESMO PERÍODO. POR CAUSA DE SEU METABOLISMO ACELERADO, ELES SE ALIMENTAM DURANTE O DIA INTEIRO: CHEGAM A INGERIR UMA QUANTIDADE DE

NÉCTAR 8 VEZES MAIS PESADA QUE SEU PRÓPRIO CORPO. UM SER HUMANO TERIA DE COMER 400 HAMBÚRGUERES POR DIA PARA IGUALAR A FAÇANHA. ISSO TUDO PORQUE ELES PRECISAM DE MUITA ENERGIA PARA VOAR. SUAS ASAS BATEM 200 VEZES POR SEGUNDO, O QUE PERMITE QUE ELES FIQUEM PARADOS NO AR E FAÇAM MANOBRAS DE RÉ E CAMBALHOTAS.

DISPONÍVEL EM: <http://guiadoscuriosos.com.br/categorias/1979/1/aves.html>. ACESSO EM: 7 ABR. 2017.

▶ BEIJA-FLOR ALIMENTANDO OS FILHOTES NO NINHO.

## GLOSSÁRIO

**INGERIR:** ENGOLIR.
**MANOBRA DE RÉ:** MOVIMENTO PARA TRÁS.
**METABOLISMO:** MUDANÇAS QUE OS ALIMENTOS SOFREM DEPOIS DE ENGOLIDOS.
**NÉCTAR:** LÍQUIDO DOCE PRODUZIDO PELAS PLANTAS.

# ESTUDO DO TEXTO

**1** SOBRE QUAL AVE O TEXTO FALA?

_____

**2** NO TEXTO, OS OVOS DO BEIJA-FLOR SÃO COMPARADOS COM:

☐ GAFANHOTOS.   ☐ ERVILHAS.

A) ESSA COMPARAÇÃO AJUDA O LEITOR A ENTENDER:

☐ A COR DOS OVOS.   ☐ O TAMANHO DOS OVOS.

B) OS OVOS DE BEIJA-FLOR SÃO PEQUENOS OU GRANDES?

_____

**3** UMA NINHADA DE BEIJA-FLORES CABE EM UMA COLHER DE CHÁ. VEJA O TAMANHO DA COLHER DE CHÁ:

▶ TAMANHO REAL DA COLHER DE CHÁ.

ISSO QUER DIZER QUE OS BEIJA-FLORES NASCEM:

☐ MÉDIOS.   ☐ GRANDES.   ☐ PEQUENOS.

**4** NO TEXTO SE DIZ QUE O CORAÇÃO DO BEIJA-FLOR BATE MIL VEZES POR MINUTO.

A) VOCÊ SABE QUANTAS VEZES SEU CORAÇÃO BATE POR MINUTO? CONVERSE COM O PROFESSOR.

B) O CORAÇÃO DA BALEIA-AZUL E O DO ELEFANTE BATEM 25 VEZES POR MINUTO. ISSO QUER DIZER QUE O CORAÇÃO DO BEIJA-FLOR BATE:

☐ MAIS RÁPIDO QUE O CORAÇÃO DO ELEFANTE E O DA BALEIA-AZUL.

▶ BALEIA-AZUL.

☐ MAIS DEVAGAR QUE O CORAÇÃO DO ELEFANTE E O DA BALEIA-AZUL.

▶ ELEFANTE.

C) A COMPARAÇÃO COM O ELEFANTE E A BALEIA-AZUL AJUDA A ENTENDER SE O CORAÇÃO DO BEIJA-FLOR BATE MUITO RÁPIDO? EXPLIQUE.

5 O BEIJA-FLOR COME O DIA TODO. POR QUÊ?

6 O TEXTO "O BEIJA-FLOR" FOI PUBLICADO NO *SITE GUIA DOS CURIOSOS*, QUE TEM INFORMAÇÕES SOBRE BICHOS, INVENÇÕES, CORPO HUMANO, ESPORTES E OUTROS.

QUE PESSOAS VOCÊ ACHA QUE LEEM ESSE *SITE*?

> OS **TEXTOS DE CURIOSIDADES CIENTÍFICAS** TRAZEM INFORMAÇÕES SOBRE ANIMAIS, PLANTAS, PLANETAS, CORPO HUMANO ETC. PARA O LEITOR ENTENDER AS EXPLICAÇÕES, PODEM SER FEITAS COMPARAÇÕES.

**7** OBSERVE DE NOVO A FOTOGRAFIA DA PÁGINA 189 E RELEIA COM O PROFESSOR A FRASE QUE A ACOMPANHA.

▶ BEIJA-FLOR ALIMENTANDO-SE DE NÉCTAR DE FLOR.

A) O QUE A FOTOGRAFIA MOSTRA?

B) O QUE A FRASE DIZ?

C) QUAL É A RELAÇÃO ENTRE A IMAGEM E A FRASE?

> O TEXTO CURTO QUE ACOMPANHA UMA FOTOGRAFIA, UM DESENHO, UM GRÁFICO OU OUTRA FIGURA E EXPLICA O QUE APARECE NA IMAGEM É CHAMADO DE **LEGENDA**.

**8** AGORA VOLTE À PÁGINA 190 E OBSERVE A FOTOGRAFIA.

A) O QUE ELA MOSTRA?

B) COPIE A LEGENDA QUE APARECE EMBAIXO DESSA FOTOGRAFIA.

_____

_____

C) VOCÊ ACHA QUE A LEGENDA AJUDA O LEITOR A ENTENDER O QUE APARECE NA IMAGEM? EXPLIQUE.

**9** ESCREVA NOS QUADRINHOS O NÚMERO DA LEGENDA QUE CORRESPONDE A CADA IMAGEM.

1. BEIJA-FLOR NO GALHO DE UMA ÁRVORE.
2. CACHORRO BRINCANDO COM BOLA.
3. GATO DORMINDO.

**10** AGORA É SUA VEZ! FAÇA UM DESENHO E ESCREVA NAS LINHAS UMA LEGENDA QUE EXPLIQUE O QUE VOCÊ DESENHOU.

_____

_____

# ESTUDO DA ESCRITA

## SONS, LETRAS E SÍLABAS

**1** LEIA O NOME DESTES ANIMAIS.

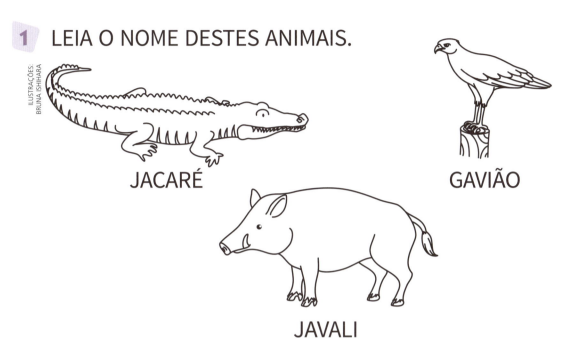

JACARÉ

GAVIÃO

JAVALI

◆ PINTE O ANIMAL QUE TEM A SÍLABA **GA** NO NOME.

**2** LEIA COM OS COLEGAS E O PROFESSOR.

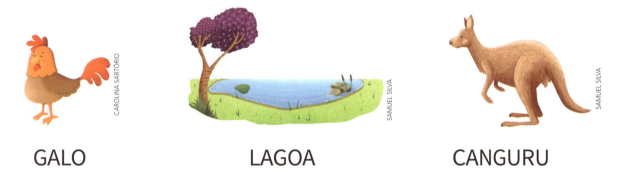

GALO

LAGOA

CANGURU

A) NESSAS PALAVRAS, A LETRA **G** TEM O MESMO SOM QUE EM **GATO** OU QUE EM **GIRAFA**? _____

B) A LETRA QUE VEM DEPOIS DO **G** NESSAS PALAVRAS É:

☐ UMA VOGAL.   ☐ UMA CONSOANTE.

# TEXTO 2 — HISTÓRIA EM QUADRINHOS

1. VOCÊ JÁ LEU ALGUMA HISTÓRIA EM QUADRINHOS? QUAL?

2. OBSERVE ESTA HISTÓRIA EM QUADRINHOS. DIGA AOS COLEGAS O QUE VOCÊ ACHA QUE ELA CONTA, DEPOIS ACOMPANHE A LEITURA DO PROFESSOR.

MAURICIO DE SOUSA. DISPONÍVEL EM: <http://turmadamonica.uol.com.br/quadrinhos/?tg_personagem=cebolinha&tg_quadrinho=personagem>. ACESSO EM: 9 MAR. 2017.

## QUEM ESCREVEU?

**MAURICIO DE SOUSA**
NASCEU EM SANTA ISABEL, NO ESTADO DE SÃO PAULO, EM 1935. É O CRIADOR DA TURMA DA MÔNICA, UMA SÉRIE DE QUADRINHOS INSPIRADA EM SEUS FILHOS E FAMILIARES.

# ESTUDO DO TEXTO

**1** RELEIA COM OS COLEGAS O TÍTULO DA HISTÓRIA.

A) ESCREVA O NOME DO PERSONAGEM PRINCIPAL DA HISTÓRIA.

_____

B) NO LUGAR DE UMA DAS LETRAS DO TÍTULO, APARECE UMA FLOR. POR QUÊ?

C) A FLOR ESTÁ NO LUGAR DE QUAL LETRA?

_____

**2** VAMOS CONVERSAR SOBRE A HISTÓRIA?

A) POR QUE NIMBUS PRECISAVA FOTOGRAFAR O BEIJA-FLOR?

B) ELE CONSEGUIU FOTOGRAFAR O PÁSSARO? POR QUÊ?

C) A AMIGA DE NIMBUS AJUDOU-O A RESOLVER O PROBLEMA? DE QUE FORMA?

D) OBSERVE DE NOVO O FIM DA HISTÓRIA. POR QUE A AMIGA DE NIMBUS CAI PARA TRÁS?

**3** NESSA HISTÓRIA, CADA PARTE APARECE EM UM QUADRINHO. QUANTOS QUADRINHOS SÃO AO TODO?

_____

**4** A HISTÓRIA "NIMBUS E O BEIJA-FLOR" TEM:

☐ SÓ DESENHOS.

☐ SÓ PALAVRAS.

☐ DESENHOS E PALAVRAS.

> AS HISTÓRIAS CONTADAS POR MEIO DE IMAGENS EM QUADRINHOS SÃO CHAMADAS DE **HISTÓRIAS EM QUADRINHOS**.
>
> AS HISTÓRIAS EM QUADRINHOS PODEM TER IMAGENS E TEXTOS OU APENAS IMAGENS.

**5** LEIA COM OS COLEGAS E O PROFESSOR O QUE NIMBUS DIZ NO COMEÇO DA HISTÓRIA AO VER O BEIJA-FLOR.

*OBA!! UM BEIJA-FLOR!*

© MAURICIO DE SOUSA EDITORA LTDA.

**A)** A PALAVRA "OBA" MOSTRA QUAL SENTIMENTO DE NIMBUS? ESCREVA A RESPOSTA COMO SOUBER.

_____

_____

_____

**B)** FALE ALTO COM OS COLEGAS A PALAVRA "OBA" DA FORMA COMO VOCÊ ACHA QUE NIMBUS FALOU.

**6** DEPOIS DA PALAVRA "OBA", HÁ UM SINAL DE PONTUAÇÃO QUE MOSTRA QUE NIMBUS ESTAVA ALEGRE. VOCÊ SABE O NOME DESSE SINAL? CONVERSE COM OS COLEGAS E O PROFESSOR E FAÇA UM **X** NA RESPOSTA CERTA.

- ☐ PONTO FINAL
- ☐ PONTO DE EXCLAMAÇÃO
- ☐ PONTO DE INTERROGAÇÃO
- ☐ VÍRGULA

> **PONTO DE EXCLAMAÇÃO** (!) É O SINAL DE PONTUAÇÃO USADO NO FINAL DE FRASES PARA AJUDAR A EXPRESSAR ALGUMA EMOÇÃO, COMO SURPRESA, ALEGRIA, ADMIRAÇÃO, ESPANTO E SUSTO, ENTRE OUTRAS.

**7** AGORA VOLTE À HISTÓRIA DE NIMBUS E CIRCULE OS PONTOS DE EXCLAMAÇÃO QUE APARECEM EM OUTRAS FALAS.

**8** RELEIA ESTA FALA DE MARINA.

[Quadrinho: Marina diz "MAS QUE CARA É ESSA, NIMBUS?" — © MAURICIO DE SOUSA EDITORA LTDA.]

**A)** AO DIZER ISSO, A MENINA QUIS:

- ☐ CHAMAR NIMBUS PARA VER O BEIJA-FLOR.
- ☐ AVISAR NIMBUS QUE ELE PARECIA DESANIMADO.
- ☐ PERGUNTAR A NIMBUS POR QUE ELE PARECIA DESANIMADO.

B) QUAL FOI O SINAL DE PONTUAÇÃO USADO PARA MOSTRAR QUE MARINA FEZ UMA PERGUNTA A NIMBUS? FAÇA UM **X** NA RESPOSTA CERTA.

☐ PONTO FINAL

☐ PONTO DE INTERROGAÇÃO

☐ PONTO DE EXCLAMAÇÃO

**PONTO DE INTERROGAÇÃO** (?) É O SINAL DE PONTUAÇÃO QUE INDICA UMA PERGUNTA.

9  COM OS COLEGAS E O PROFESSOR, LEIA ESTAS FALAS DE MARINA E NIMBUS.

A) CIRCULE, NESSE QUADRINHO, A PERGUNTA QUE MARINA FAZ A NIMBUS.

B) PINTE O PONTO DE INTERROGAÇÃO NO FIM DESSA PERGUNTA.

C) IMAGINE QUE A FALA DA MENINA, EM VEZ DE TERMINAR COM PONTO DE INTERROGAÇÃO, TERMINASSE COM UM PONTO CHAMADO PONTO FINAL, ASSIM:

◆ PODE SER UM DESENHO.

NESSE CASO, COMO VOCÊ LERIA A FALA DELA? LEIA-A COM O PROFESSOR.

**PONTO FINAL** (.) É O SINAL DE PONTUAÇÃO QUE INDICA O FIM DE UMA FRASE EM QUE SE FAZ UMA DECLARAÇÃO.

**10** NAS HISTÓRIAS EM QUADRINHOS, A FALA DOS PERSONAGENS APARECE EM **BALÕES DE FALA**. VEJA.

VOLTE À HISTÓRIA DE NIMBUS E TENTE LER SOZINHO ALGUMAS PALAVRAS DOS BALÕES DE FALA.

**11** OBSERVE DE NOVO O PRIMEIRO QUADRINHO NA PÁGINA 196.

A) NIMBUS ESTÁ ALEGRE OU TRISTE? _____

B) O QUE VOCÊ OBSERVOU PARA RESPONDER?

**12** NO QUADRINHO ABAIXO, COMO O BEIJA-FLOR ESTÁ VOANDO?

A) PARA RESPONDER A ESSA PERGUNTA, O QUE VOCÊ NOTOU NA IMAGEM?

B) O QUE QUER DIZER A PALAVRA "ZUP"?

NAS HISTÓRIAS EM QUADRINHOS, ALGUNS RECURSOS MOSTRAM COMO OS PERSONAGENS ESTÃO SE SENTINDO E QUE MOVIMENTOS ESTÃO FAZENDO.

# UM POUCO MAIS SOBRE

## HISTÓRIAS EM QUADRINHOS

AS HISTÓRIAS EM QUADRINHOS TÊM HISTÓRIA!

- A PRIMEIRA HISTÓRIA EM QUADRINHOS FOI PUBLICADA HÁ MAIS DE 120 ANOS.
- A MAIORIA DOS LEITORES DE QUADRINHOS SÃO CRIANÇAS, MAS HÁ QUADRINHOS PARA ADULTOS.
- ALGUNS PERSONAGENS CRIADOS HÁ MUITOS ANOS AINDA TÊM SUAS HISTÓRIAS PUBLICADAS, COMO O BIDU, QUE SURGIU EM 1959.

ALGUNS PERSONAGENS DE QUADRINHOS:

▶ SNOOPY, DE CHARLES SCHULZ.

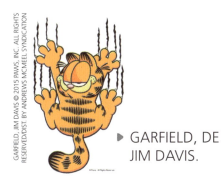

▶ GARFIELD, DE JIM DAVIS.

▶ BIDU, DE MAURICIO DE SOUSA.

▶ NÍQUEL NÁUSEA, DE FERNANDO GONSALES.

**1** O QUE ESSES PERSONAGENS DE QUADRINHOS TÊM EM COMUM?

**2** NOS QUADRINHOS, MUITOS PERSONAGENS ANIMAIS AGEM COMO PESSOAS. EM QUE OUTROS TEXTOS ISSO TAMBÉM ACONTECE?

# ESTUDO DA ESCRITA

## SONS, SÍLABAS E PALAVRAS

**1** LEIA O NOME DAS IMAGENS E ESCREVA A PRIMEIRA LETRA DE CADA NOME. QUE PALAVRA VOCÊ FORMOU? LEIA-A COM OS COLEGAS E O PROFESSOR.

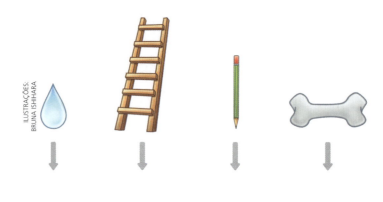

____  ____  ____  ____

**2** ESCREVA NOS ESPAÇOS A PRIMEIRA SÍLABA DE **GELO** E DESCUBRA OUTRAS PALAVRAS.

A) [____] LATINA

B) [____] LADEIRA

C) TAN [____] RINA

D) [____] MA

E) TI [____] LA

F) REFRI [____] RANTE

◆ QUE LETRA VEM DEPOIS DO **G** NESSAS PALAVRAS? ____

**3** ESTE ANIMAL VOCÊ CONHECE. LEIA O NOME DELE.

GIRAFA

◆ QUE LETRA VEM DEPOIS DO **G** NESSA PALAVRA? ____

**4** LIGUE AS FIGURAS AOS NOMES, DEPOIS CIRCULE EM CADA PALAVRA A LETRA QUE VEM DEPOIS DO **G**.

MÁGICO

RELÓGIO

GIRASSOL

**5** LEIA ESTAS PALAVRAS COM OS COLEGAS E O PROFESSOR.

 **G**IRASSOL    **G**ARRAFA    **G**ELADEIRA

 CAN**G**URU    **G**ELO    FO**G**O

◆ COPIE AS PALAVRAS NAS COLUNAS CONFORME O SOM DO **G**.

| G COM SOM DO G DE GALO | G COM SOM DO G DE GIRAFA |
|---|---|
|  |  |
|  |  |
|  |  |

## ENTREVISTA E PUBLICAÇÃO EM MÍDIA DIGITAL

NESTA UNIDADE, VOCÊ LEU CURIOSIDADES SOBRE O BEIJA-FLOR. QUE TAL CONHECER E APRESENTAR AOS COLEGAS UMA CURIOSIDADE SOBRE OUTRO ANIMAL?

VOCÊ VAI ENTREVISTAR UM ADULTO DE SUA FAMÍLIA, GRAVAR UM ÁUDIO DESSA ENTREVISTA E APRESENTÁ-LO AOS COLEGAS. DEPOIS, ESSAS ENTREVISTAS SERÃO PUBLICADAS NO *SITE* DA ESCOLA OU NO *BLOG* DA TURMA.

### PREPARAÇÃO E REALIZAÇÃO DA ENTREVISTA

1. PERGUNTE A UMA PESSOA DE SUA FAMÍLIA SE ELA ACEITA SER ENTREVISTADA PARA CONTAR UMA CURIOSIDADE SOBRE UM ANIMAL E COMBINEM QUANDO VOCÊS PODEM CONVERSAR.

2. PEÇA AO ENTREVISTADO AUTORIZAÇÃO PARA GRAVAR O ÁUDIO.

3. PLANEJE COM OS COLEGAS E O PROFESSOR AS PERGUNTAS QUE PRETENDE FAZER. O PROFESSOR IRÁ ESCREVÊ-LAS NA LOUSA E O AJUDARÁ A MEMORIZÁ-LAS.

4. NA HORA DA ENTREVISTA:
   - LIGUE O GRAVADOR DE ÁUDIO;
   - FAÇA UMA PERGUNTA DE CADA VEZ, COM CALMA;
   - OUÇA COM ATENÇÃO AS RESPOSTAS DO ENTREVISTADO, SEM INTERROMPÊ-LO PARA FAZER OUTRA PERGUNTA;

- NO FINAL, AGRADEÇA À PESSOA. DIGA "MUITO OBRIGADO", SE VOCÊ FOR UM MENINO, OU "MUITO OBRIGADA", SE FOR UMA MENINA;
- DESLIGUE O GRAVADOR DE ÁUDIO.

### APRESENTAÇÃO ORAL EM MÍDIA DIGITAL

NO DIA COMBINADO COM O PROFESSOR, APRESENTE SEU TRABALHO AOS COLEGAS.

1. DIGA O NOME DA PESSOA ENTREVISTADA, O NOME DO ANIMAL SOBRE O QUAL ELA FALOU E APRESENTE O ÁUDIO.
2. NO FINAL, PERGUNTE AOS COLEGAS SE ENTENDERAM O QUE O ENTREVISTADO CONTOU. SE ELES TIVEREM DÚVIDAS, EXPLIQUE NOVAMENTE O QUE FOR PRECISO.

### AVALIAÇÃO COLETIVA

DEPOIS QUE TODOS APRESENTAREM OS ÁUDIOS, CONVERSE COM OS COLEGAS E O PROFESSOR.

1. VOCÊ GOSTOU DE ENTREVISTAR UMA PESSOA E GRAVAR O ÁUDIO? COMO FOI ESSA EXPERIÊNCIA?
2. TEVE ALGUMA DIFICULDADE? QUAL?
3. OS COLEGAS ENTENDERAM A CURIOSIDADE QUE CADA UM APRESENTOU NO ÁUDIO?

## AÍ VEM HISTÓRIA

VOCÊ JÁ SABE QUE QUADRINHAS SÃO POEMAS POPULARES DE QUATRO VERSOS.

ACOMPANHE NA PÁGINA 253 A LEITURA DO PROFESSOR E CONHEÇA ALGUMAS QUADRINHAS QUE FALAM DE BICHOS. PRESTE ATENÇÃO NAS RIMAS: ELAS TORNAM AS QUADRINHAS GOSTOSAS DE OUVIR.

## PRODUÇÃO DE TEXTO

## HISTÓRIA EM QUADRINHOS

AGORA É VOCÊ QUEM VAI CRIAR UMA HISTÓRIA EM QUADRINHOS! ELA SERÁ LIDA POR CRIANÇAS DE OUTRAS TURMAS DA ESCOLA E, DEPOIS, PELOS SEUS FAMILIARES E AMIGOS.

VAMOS LÁ?

### PLANEJAMENTO

1. COM OS COLEGAS E O PROFESSOR, OBSERVE A FOTOGRAFIA ABAIXO.

▶ MENINO IANOMÂMI COM UM BEIJA-FLOR, EM FOTOGRAFIA DE 1991.

- QUEM VOCÊS ACHAM QUE É O GAROTO MOSTRADO NA FOTO E ONDE PROVAVELMENTE ELE VIVE?
- POR QUE SERÁ QUE O BEIJA-FLOR ESTÁ NO ROSTO DELE?
- O MENINO ESTÁ SORRINDO? O QUE ELE PARECE ESTAR SENTINDO?

2. PENSE EM UMA HISTÓRIA QUE TENHA COMO PERSONAGENS O MENINO E O BEIJA-FLOR DA FOTOGRAFIA.
   - IMAGINE: O QUE O MENINO E O BEIJA-FLOR ESTÃO FAZENDO? ELES SÃO AMIGOS? BRINCAM? ONDE ELES VIVEM?

## PRODUÇÃO E REVISÃO

1. DEPOIS QUE PLANEJAR UMA HISTÓRIA COM ESSES PERSONAGENS, FAÇA QUATRO QUADRINHOS EM UMA FOLHA COM A AJUDA DO PROFESSOR.
2. DESENHE COM LÁPIS AS PARTES DA HISTÓRIA, UMA EM CADA QUADRINHO. SUA HISTÓRIA PODE TER SÓ IMAGENS OU IMAGENS E BALÕES DE FALA.
3. MOSTRE A HISTÓRIA A UM COLEGA E PERGUNTE A ELE SE ENTENDEU O QUE CADA QUADRINHO MOSTRA. SE PRECISAR, MUDE OS DESENHOS OU OS BALÕES DE FALA.
4. PINTE OS DESENHOS E, COM A AJUDA DO PROFESSOR, ESCREVA NO ALTO DA PÁGINA O TÍTULO DA HISTÓRIA. NO FINAL, ESCREVA O NOME DO AUTOR, QUE É VOCÊ!

## APRESENTAÇÃO

AJUDE O PROFESSOR A ORGANIZAR UMA EXPOSIÇÃO NA ESCOLA COM AS HISTÓRIAS EM QUADRINHOS DE TODA A TURMA. DEPOIS, LEVE SUA HISTÓRIA EM QUADRINHOS PARA CASA A FIM DE QUE SEUS FAMILIARES E AMIGOS POSSAM LÊ-LA.

# REVENDO O QUE APRENDI

**1** LEIA COM OS COLEGAS E O PROFESSOR AS PALAVRAS DAS COLUNAS **A** E **B**.

| A | B |
|---|---|
| FORMIGA | GELATINA |
| GOIABA | GELO |
| AGULHA | RELÓGIO |

A) QUE LETRAS VÊM DEPOIS DO **G** NAS PALAVRAS DA COLUNA **A**? _____

B) QUE LETRAS VÊM DEPOIS DO **G** NAS PALAVRAS DA COLUNA **B**? _____

**2** VOCÊ CONHECE ESTE BRINQUEDO DE PARQUES DE DIVERSÃO? ENTÃO LEIA O NOME DELE.

**G**IRA-**G**IRA

◆ AGORA RESPONDA: NESSA PALAVRA, A LETRA **G** TEM O MESMO SOM QUE O **G** DE:

☐ MÁGICO.  ☐ GALO.

**3** TIRE A PRIMEIRA LETRA DE **GEMA** E FORME O NOME DA MAIOR AVE BRASILEIRA.

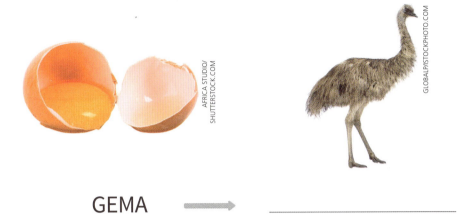

GEMA ➡ _____

**4** ORGANIZE AS SÍLABAS E FORME O NOME DAS IMAGENS. DEPOIS PINTE AS IMAGENS.

GE RI TAN NA   DA RO - GI TE GAN

_____   _____

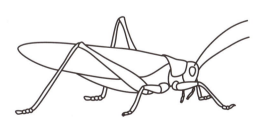

FA NHO GA TO

_____

**5** EM CADA GRUPO DE IMAGENS, UMA É INTRUSA, POIS SEU NOME NÃO COMEÇA COM A MESMA SÍLABA QUE OS OUTROS DOIS NOMES.

DESCUBRA A IMAGEM INTRUSA EM CADA GRUPO!

◆ A IMAGEM INTRUSA É _____.

◆ A IMAGEM INTRUSA É _____.

**6** O QUE VOCÊ GOSTOU MAIS DE APRENDER NESTA UNIDADE? ESCREVA A RESPOSTA COMO SOUBER.

_____

_____

_____

## PARA IR MAIS LONGE

### LIVROS

▶ **A PULGA E A DANINHA**, DE IVAN ZIGG E MARCELLO ARAÚJO. RIO DE JANEIRO: NOVA FRONTEIRA, 2007.

QUANDO ESCAPOU DO PELO DA CACHORRA DANINHA, A PULGA SAIU BELISCANDO TODO MUNDO. ALÉM DE UMA HISTÓRIA GOSTOSA DE LER, O LIVRO TRAZ IDEIAS MUSICAIS PARA DESENVOLVER A CRIATIVIDADE DO LEITOR.

▶ **VAI E VEM**, DE LAURENT CARDON. SÃO PAULO: GAIVOTA, 2014.

AO TENTAR SALVAR UM PEIXINHO, UM MENINO É LEVADO POR UMA AVE PARA UMA VIAGEM AÉREA SOBRE O MAR E VÊ ANIMAIS INCRÍVEIS.

▶ **UMA ZEBRA FORA DO PADRÃO**, DE PAULA BROWNE. RIO DE JANEIRO: ROCCO, 2011.

O LIVRO CONTA A HISTÓRIA DE UMA ZEBRA DIFERENTE: BAGUNCEIRA, MAS QUE ADORA SE ARRUMAR; UM POUCO DISTRAÍDA, MAS CHEIA DE IMAGINAÇÃO.

### FILME

▶ **MINHOCAS**. DIREÇÃO DE PAOLO CONTI. BRASIL-CANADÁ: ANIMA KING GLAZ ENTRETENIMENTO, 2013, 82 MIN.

O FILME CONTA AS AVENTURAS DE TRÊS JOVENS MINHOCAS CONTRA O TERRÍVEL TATU-BOLA, QUE DESEJA DOMINAR TODAS AS MINHOCAS DA TERRA.

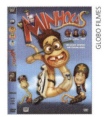

# UNIDADE 9
# IDEIAS E CORES

▶ RICARDO FERRARI. *BRINCADEIRAS E PIPAS*, 2016. ÓLEO SOBRE TELA, 75 CM × 65 CM.

▶ ALMEIDA JÚNIOR. *O VIOLEIRO*, 1899. ÓLEO SOBRE TELA, 1,41 M × 1,72 M.

- ONDE AS CRIANÇAS E A PROFESSORA ESTÃO?
- VOCÊ JÁ FOI A UM LUGAR COMO ESTE?
- VOCÊ GOSTOU DAS OBRAS DE ARTE QUE AS CRIANÇAS ESTÃO OBSERVANDO? QUAL VOCÊ ACHOU MAIS BONITA E POR QUÊ?

- MARTA EMÍLIA. *NO JARDIM ELÉTRICO*, 2012. COLAGEM DE PAPEL PINTADO COM TINTA ACRÍLICA SOBRE MDF, 1 M × 1 M.

# ARTISTA POR UM DIA

PINTE OS ESPAÇOS DE ACORDO COM A LEGENDA.

**A:** PINTE DE **VERMELHO**.  **C:** PINTE DE **VERDE**.
**B:** PINTE DE **AMARELO**.  **D:** PINTE DE **AZUL**.

1. VOCÊ GOSTOU DA FIGURA QUE PINTOU? QUE TÍTULO DARIA A ELA? ESCREVA-O NO FIO ABAIXO DA IMAGEM.

2. O PROFESSOR VAI LER UM TEXTO SOBRE A VIDA DE UMA PINTORA. COPIE APENAS AS LETRAS, SEM OS NÚMEROS E SÍMBOLOS, E DESCUBRA O NOME DELA.

T1A=R♦S♥I●L3A

AGORA ACOMPANHE A LEITURA DO PROFESSOR.

# TEXTO 1 — BIOGRAFIA

## TARSILA DO AMARAL

OLHE ATENTAMENTE PARA ESSA PINTURA E OBSERVE TODOS OS SEUS DETALHES. SEU NOME É **ABAPORU** [...]. É UMA DAS OBRAS MAIS IMPORTANTES DA ARTE BRASILEIRA E, ATÉ OS DIAS DE HOJE, A MAIS VALIOSA.

TARSILA DO AMARAL PINTOU O **ABAPORU** EM 1928 [...]

ELA NASCEU EM 1886, NA FAZENDA SÃO BERNARDO, EM CAPIVARI, CIDADE DO INTERIOR DO ESTADO DE SÃO PAULO. DESCENDENTE DA ARISTOCRACIA RURAL PAULISTA, CRESCEU LIVREMENTE NAS FAZENDAS DE SUA FAMÍLIA.

[...]

TARSILA DO AMARAL. *ABAPORU*, 1928. ÓLEO SOBRE TELA. 85 CM × 73 CM.

APESAR DE MORAR EM UMA FAZENDA, SUA VIDA ERA REQUINTADA. TUDO O QUE SUA FAMÍLIA USAVA E CONSUMIA ERA IMPORTADO DA EUROPA. TARSILA PARECIA UMA PRINCESINHA: TANTO OS TECIDOS DE SUAS ROUPAS DE BRINCAR COMO DE PASSEAR ERAM FRANCESES.

[...]

AINDA EM SUA INFÂNCIA, TARSILA FEZ SEU PRIMEIRO DESENHO: UMA CESTA DE FLORES E UMA GALINHA RODEADA DE PINTINHOS.

AOS 16 ANOS, ELA FOI ESTUDAR EM BARCELONA, NA ESPANHA. [...]

AO RETORNAR DA EUROPA, EM 1906, CASOU-SE, DE ACORDO COM A TRADIÇÃO DA ÉPOCA, COM UM PRETENDENTE ESCOLHIDO POR SEU PAI. DESSE CASAMENTO NASCEU DULCE. A DIFERENÇA CULTURAL DO CASAL, PORÉM, ERA GRANDE E TARSILA, DONA DE UMA PERSONALIDADE FORTE E DECIDIDA, SEPAROU-SE. [...]

PASSADO ALGUM TEMPO, TARSILA RESOLVEU SEGUIR SUA VOCAÇÃO ARTÍSTICA. COMEÇOU SEUS ESTUDOS PELA ESCULTURA E MODELAGEM.

EM SEGUIDA, ESTUDOU DESENHO E PINTURA [...].

[...] ATÉ 1935 SUA VIDA FOI DIVIDIDA ENTRE AS FAZENDAS DE SUA FAMÍLIA, VIAGENS PELO BRASIL E PELA EUROPA.

[...]

TARSILA MORREU EM 1973, AOS 86 ANOS. [...]

ANGELA BRAGA E LÍGIA REGO. *TARSILA DO AMARAL*. SÃO PAULO: MODERNA, 2001. P. 3, 4, 6-9 E 32.

▶ TARSILA DO AMARAL, EM PARIS, NA FRANÇA, EM JUNHO DE 1926.

## GLOSSÁRIO

**ARISTOCRACIA RURAL:** GRUPO DE PESSOAS QUE POSSUÍA MUITAS FAZENDAS.

**DESCENDENTE:** QUE VEM DE CERTA FAMÍLIA.

**IMPORTADO:** QUE VEIO DE OUTRO PAÍS.

**REQUINTADO:** DE BOM GOSTO, FINO.

## QUEM ESCREVEU?

**ANGELA BRAGA** NASCEU NA CIDADE DE SÃO PAULO (SÃO PAULO), EM 1962. É FORMADA EM EDUCAÇÃO ARTÍSTICA E PROFESSORA DE ARTE NO ENSINO FUNDAMENTAL.

**LÍGIA REGO** TAMBÉM É DA CIDADE DE SÃO PAULO (SÃO PAULO). FORMOU-SE EM DESENHO E PLÁSTICA E EM EDUCAÇÃO ARTÍSTICA E É PROFESSORA DOS ENSINOS FUNDAMENTAL E MÉDIO.

## ESTUDO DO TEXTO

**1** O TEXTO DÁ VÁRIAS INFORMAÇÕES SOBRE TARSILA. ENTÃO ESCREVA O QUE SE PEDE.

A) O NOME COMPLETO DA PINTORA:

_____

B) O NOME DA CIDADE ONDE ELA NASCEU:

_____

C) O NOME DE UM QUADRO PINTADO POR ELA:

_____

**2** TARSILA DO AMARAL VIAJOU BASTANTE. VOCÊ JÁ OUVIU FALAR DA ESPANHA? E DA EUROPA? SABE ONDE FICAM? CONVERSE COM OS COLEGAS E O PROFESSOR.

**3** CIRCULE AS DATAS QUE APARECEM NO TEXTO.

- CONVERSE COM OS COLEGAS E O PROFESSOR: PARA QUE AS AUTORAS DO TEXTO ESCREVERAM ESSAS DATAS?

**4** A FINALIDADE DESSE TEXTO É:

☐ ENSINAR A FAZER PINTURAS.

☐ CONTAR A HISTÓRIA DA VIDA DE UMA PESSOA.

> OS TEXTOS QUE CONTAM OS PRINCIPAIS ACONTECIMENTOS DA VIDA DE UMA PESSOA SÃO CHAMADOS **BIOGRAFIAS**.
> NAS BIOGRAFIAS, APARECEM DATAS PARA INDICAR QUANDO ACONTECERAM ESSES FATOS IMPORTANTES.

**5** ALÉM DA BIOGRAFIA QUE VOCÊ LEU, EXISTEM VÁRIAS OUTRAS BIOGRAFIAS DE TARSILA DO AMARAL. O QUE TARSILA FEZ DE IMPORTANTE PARA EXISTIREM BIOGRAFIAS DELA?

BRUNA ISHIHARA

**6** A BIOGRAFIA QUE VOCÊ LEU FOI PUBLICADA EM UM LIVRO. CIRCULE OS TIPOS DE PUBLICAÇÃO EM QUE TAMBÉM PODEMOS LER BIOGRAFIAS.

> REVISTA   LIVRO DE CONTOS   *SITE*   *BLOG*   JORNAL

# ESTUDO DA ESCRITA

## SÍLABAS E PALAVRAS

**1** O PROFESSOR VAI RELER UM TRECHO DA BIOGRAFIA DE TARSILA DO AMARAL. ACOMPANHE.

ELA NASCEU EM 1886, NA FAZENDA SÃO BERNARDO, EM CAPIVARI, CIDADE DO INTERIOR DO ESTADO DE SÃO PAULO [...].

**A)** MONTE COM O ALFABETO MÓVEL O NOME DA CIDADE ONDE A PINTORA NASCEU.

**B)** FALE ALTO O NOME DA CIDADE PRESTANDO ATENÇÃO NAS SÍLABAS, DEPOIS COPIE A PRIMEIRA SÍLABA: _____.

**2** AGORA LEIA COM O PROFESSOR E ADIVINHE!

É UMA CASINHA BRANCA,
SEM PORTA NEM JANELA.
DENTRO VIVEM DUAS PRINCESAS,
UMA BRANCA, OUTRA AMARELA.

DOMÍNIO PÚBLICO.

**A)** CIRCULE A PALAVRA QUE RIMA COM "JANELA".

**B)** QUE PALAVRAS DA ADIVINHA TÊM A SÍLABA **CA**?

**3** NA ESPANHA, NA ESCOLA ONDE TARSILA ESTUDOU, OS COLEGAS ELOGIAVAM OS DESENHOS DELA.

A) MONTE COM O ALFABETO MÓVEL A PALAVRA **ESCOLA**.

B) SEPARE AS SÍLABAS DE **ESCOLA** COLOCANDO CADA SÍLABA EM UM QUADRINHO.

☐ ☐ ☐

**4** TIRANDO A PRIMEIRA SÍLABA DE **ESCOLA**, QUE PALAVRA VOCÊ LÊ? ESCREVA ESSA PALAVRA: _____.

VOCÊ ESCREVEU O NOME DE QUAL DESTES OBJETOS? CIRCULE-O.

**5** AGORA TROQUE A PRIMEIRA SÍLABA DE **ESCOLA** POR UMA DAS SÍLABAS A SEGUIR E FORME O NOME DE UM OBJETO MUITO USADO NAS COMPRAS.

CA   AS   SA   LA

ESCOLA ⟶ _____COLA

**6** OS PINTORES USAM CORES QUE NEM TODO MUNDO CONHECE, COMO ESTAS:

- TERRACOTA
- COBRE
- CORAL

A) QUE SÍLABA APARECE NOS TRÊS NOMES? _____

B) CIRCULE O NOME DE COR QUE TAMBÉM TEM A SÍLABA **CO**.

AMARELO   CARAMELO   ROSA   BRANCO

**7** QUAL É O CONTRÁRIO DE **CLARO**? DECIFRE O CÓDIGO E DESCUBRA.

| ≈ | ✡ | ♥ | ☼ | ◊ | ☀ |
|---|---|---|---|---|---|
| S | C | R | U | O | E |

| ☀ | ≈ | ✡ | ☼ | ♥ | ◊ |
|---|---|---|---|---|---|
|   |   |   |   |   |   |

A) ESCREVA NOS QUADRINHOS AS SÍLABAS DA PALAVRA QUE VOCÊ FORMOU: ☐ ☐ ☐

B) LEIA O NOME DAS IMAGENS E CIRCULE O NOME QUE TEM A SEGUNDA SÍLABA DE **ESCURO**.

CAVALO   COPO   CURATIVO

**TEXTO 2** **PINTURA**

1. VOCÊ JÁ VIU UMA OBRA DE ARTE? CONHECE ALGUM ARTISTA DE SUA REGIÃO?

2. TARSILA FOI UMA MENINA IMAGINATIVA. ELA ATÉ DAVA NOME ÀS PEDRAS REDONDAS QUE VIA NA FAZENDA. VOCÊ GOSTA DE INVENTAR COISAS E IMAGINAR? SE QUISER, CONTE AOS COLEGAS.

OBSERVE UMA PINTURA DE TARSILA DO AMARAL.

▸ TARSILA DO AMARAL. *O MAMOEIRO*, 1925. ÓLEO SOBRE TELA, 65 CM × 70 CM.

# ESTUDO DO TEXTO

**1** OBSERVE A PINTURA E FAÇA O QUE SE PEDE COM OS COLEGAS E O PROFESSOR.

A) O QUE VOCÊ VÊ NA PINTURA?

B) A CENA QUE VOCÊ VÊ NA PINTURA SE PASSA:

☐ NO INTERIOR DE UMA CASA.

☐ AO AR LIVRE.

C) A CENA ACONTECE:

☐ DURANTE O DIA.

☐ DE NOITE.

D) QUANTAS PESSOAS APARECEM NA IMAGEM? _____

E) QUE CORES FORAM USADAS NA PINTURA? ESCREVA COMO SOUBER.

_____
_____
_____
_____

**2** EM SUA OPINIÃO, POR QUE A ARTISTA DEU À OBRA O NOME DE *O MAMOEIRO*?

**3** O LUGAR ONDE VOCÊ MORA TEM ALGO PARECIDO COM A PAISAGEM MOSTRADA NESSA PINTURA? SE TEM, O QUE É?

225

**4** ABAIXO DA PINTURA APARECE UMA LEGENDA. VEJA O QUE CADA PARTE DESSA LEGENDA SIGNIFICA.

TARSILA DO AMARAL. *O MAMOEIRO*, 1925. ÓLEO SOBRE TELA, 65 CM × 70 CM.

AGORA ESCREVA O QUE SE PEDE.

A) O NOME DA ARTISTA:

_____

B) O NOME DA PINTURA:

_____

C) O ANO EM QUE A PINTURA FOI FEITA:

_____

> AS **PINTURAS** SÃO COMPREENDIDAS POR MEIO DO OLHAR, POR ISSO SÃO CHAMADAS DE **ARTE VISUAL**.

**5** OBSERVAR ESSA PINTURA DESPERTOU ALGUM SENTIMENTO EM VOCÊ OU O FEZ PENSAR EM ALGO? CONTE AOS COLEGAS.

**6** VOCÊ GOSTOU DESSA PINTURA? POR QUÊ?

**7** ONDE COSTUMAMOS ENCONTRAR PINTURAS?

# ESTUDO DA ESCRITA

## ESCREVENDO PALAVRAS

**1** VOCÊ CONHECEU A PINTURA *O MAMOEIRO*. AGORA LEIA E COMPLETE.

A) O PÉ DE **MAMÃO** É O **MAMOEIRO**.

B) O PÉ DE **LIMÃO** É O _____.

C) O PÉ DE **CAJU** É O _____.

D) O PÉ DE _____ É A **BANANEIRA**.

**2** ESCREVA AS PALAVRAS NO DIAGRAMA.

1. CURATIVO
2. SACOLA
3. CAJU
4. COPO
5. VACA

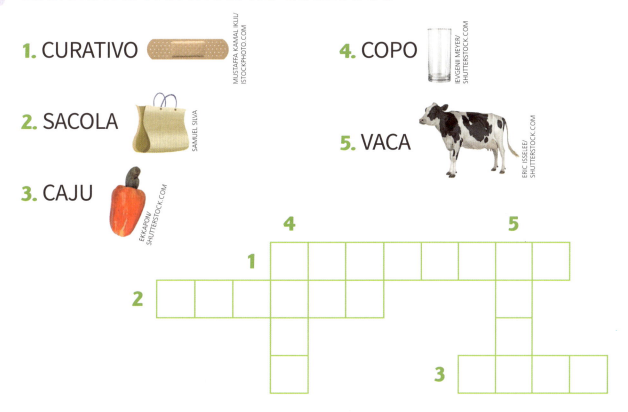

# LETRAS MAIÚSCULAS E LETRAS MINÚSCULAS

**1** VOCÊ JÁ REPAROU QUE UMA MESMA LETRA PODE TER DIFERENTES FORMATOS? VEJA COMO A PROFESSORA DE UMA TURMA DO 1º ANO ESCREVEU ALGUMAS LETRAS NA LOUSA.

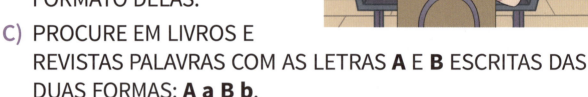

A) QUE LETRAS A PROFESSORA ESCREVEU?

B) ELA ESCREVEU DUAS VEZES CADA LETRA. CONVERSE COM OS COLEGAS E O PROFESSOR SOBRE O FORMATO DELAS.

C) PROCURE EM LIVROS E REVISTAS PALAVRAS COM AS LETRAS **A** E **B** ESCRITAS DAS DUAS FORMAS: **A a B b**.

VOCÊ SABIA QUE EXISTEM LETRAS MAIÚSCULAS E MINÚSCULAS? VEJA O **ALFABETO EM LETRAS DE IMPRENSA MAIÚSCULAS E MINÚSCULAS**.

| Aa | Bb | Cc | Dd | Ee | Ff | Gg |
|----|----|----|----|----|----|----|
| Hh | Ii | Jj | Kk | Ll | Mm | Nn |
| Oo | Pp | Qq | Rr | Ss | Tt | Uu |
| Vv | Ww | Xx | Yy | Zz | | |

**2** LEIA, COM O PROFESSOR, O CRACHÁ DE UMA ALUNA CHAMADA CAMILA.

A) O NOME DESSA ALUNA FOI ESCRITO DUAS VEZES. CIRCULE DE **VERMELHO** A LETRA QUE É IGUAL NOS DOIS MODOS DE ESCREVER O NOME DELA.

B) CIRCULE DE **AZUL** AS LETRAS QUE MUDARAM NA SEGUNDA FORMA DE ESCREVER O NOME **CAMILA**. O QUE VOCÊ PERCEBEU? CONTE AOS COLEGAS E AO PROFESSOR.

**3** NAS DUAS LISTAS ABAIXO, APARECEM AS MESMAS PALAVRAS. EM UMA LISTA ELAS ESTÃO ESCRITAS COM LETRAS MAIÚSCULAS; EM OUTRA, COM MINÚSCULAS. OBSERVE O EXEMPLO E LIGUE AS PALAVRAS.

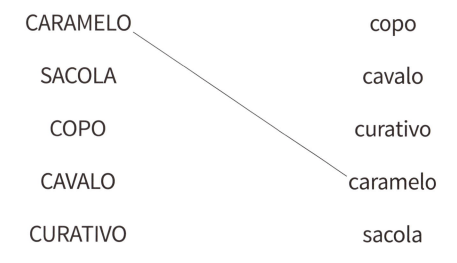

**4** LEIA ALTO, COM OS COLEGAS E O PROFESSOR, OS NOMES A SEGUIR, QUE FORAM ESCRITOS COM LETRAS DE DIFERENTES TIPOS.

- AGORA É SUA VEZ! COM DIFERENTES LETRAS RECORTADAS DE JORNAIS E REVISTAS, FORME SEU NOME E O NOME DO PROFESSOR E COLE-OS NO QUADRO ABAIXO.

# LETRA DE IMPRENSA E LETRA CURSIVA

VOCÊ VIU AS LETRAS DE IMPRENSA MAIÚSCULAS E MINÚSCULAS. AGORA, COM O PROFESSOR, LEIA O NOME ESCRITO NA LOUSA PRESTANDO ATENÇÃO NO FORMATO DAS LETRAS.

VOCÊ CONHECIA O FORMATO DAS LETRAS USADAS PARA ESCREVER  ? ESSAS LETRAS SÃO CHAMADAS DE CURSIVAS. VEJA O ALFABETO EM **LETRAS CURSIVAS MAIÚSCULAS E MINÚSCULAS**.

| Aa | Bb | Cc | Dd | Ee | Ff | Gg |
|---|---|---|---|---|---|---|
| Hh | Ii | Jj | Kk | Ll | Mm | Nn |
| Oo | Pp | Qq | Rr | Ss | Tt | Uu |
| Vv | Ww | Xx | Yy | Zz | | |

**1** NO QUADRO ABAIXO, OS NOMES DE QUATRO CRIANÇAS FORAM ESCRITOS COM TIPOS DIFERENTES DE LETRA. CIRCULE COM A MESMA COR OS NOMES QUE SÃO IGUAIS, UMA COR PARA O NOME DE CADA CRIANÇA.

SOFIA  Maria  Antônio  JÚLIO  MARIA  Júlio
ANTÔNIO  Sofia  Maria  Júlio  Antônio  Sofia

## PRODUÇÃO DE TEXTO

### RELEITURA DE UMA PINTURA

NESTA ATIVIDADE, VOCÊ VAI RECRIAR UMA PINTURA DE TARSILA DO AMARAL DANDO UM TOQUE PESSOAL E MOSTRANDO UM POUCO DA REGIÃO ONDE MORA. SUA PRODUÇÃO SERÁ MOSTRADA A SEUS COLEGAS E FAMILIARES.

### PREPARAÇÃO

ESTA É A PINTURA EM QUE VOCÊ VAI SE BASEAR:

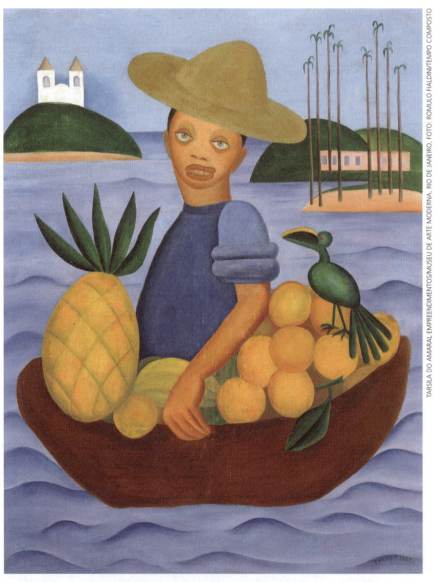

▶ TARSILA DO AMARAL. *O VENDEDOR DE FRUTAS*, 1925. ÓLEO SOBRE TELA, 108,5 CM × 84,5 CM.

1. OBSERVE A PINTURA E CONVERSE COM OS COLEGAS E O PROFESSOR SOBRE ESTAS QUESTÕES.
    - QUAL É O NOME DA PINTURA?
    - O QUE ELA MOSTRA?
    - COMO O VENDEDOR PARECE ESTAR SE SENTINDO?
    - AS CORES USADAS SÃO FORTES OU SUAVES? VOCÊ ACHA ESSAS CORES ALEGRES E VIVAS OU APAGADAS?
2. PLANEJE SUA PINTURA. SE QUISER, TROQUE ALGUNS ELEMENTOS DA PINTURA DE TARSILA.
   VOCÊ PODE PINTAR UMA AVE OU FRUTAS DIFERENTES; FAZER UMA VENDEDORA EM VEZ DE UM VENDEDOR; TROCAR O BARCO POR UMA BICICLETA, UM TREM ETC.
3. AO FUNDO, DESENHE UM LUGAR DE SUA CIDADE QUE VOCÊ ACHE BONITO.

## PRODUÇÃO

1. PREPARE PAPEL, LÁPIS PRETO, LÁPIS DE COR, CANETINHAS COLORIDAS, TINTAS, PINCÉIS OU OUTRO MATERIAL QUE O PROFESSOR PEDIR E MÃOS À OBRA.
2. FAÇA PRIMEIRO UM RASCUNHO DO DESENHO E CONVERSE COM O PROFESSOR SOBRE ELE. SE NÃO QUISER MODIFICAR NADA, PINTE O DESENHO.
3. CRIE UMA LEGENDA PARA SUA PINTURA. ESCREVA ABAIXO DA IMAGEM SEU NOME, O TÍTULO DA OBRA (QUE VOCÊ VAI INVENTAR) E A DATA EM QUE FOI FEITA.

CAROLINA SARTORIO

## EXPOSIÇÃO

**1.** AJUDE O PROFESSOR A MONTAR UM VARAL ONDE AS PINTURAS FICARÃO EXPOSTAS POR ALGUNS DIAS.

**2.** COM A ORIENTAÇÃO DO PROFESSOR, CONVIDE FAMILIARES E AMIGOS PARA CONHECER A EXPOSIÇÃO.

**3.** SE FOR POSSÍVEL, O PROFESSOR VAI EXPOR AS PINTURAS TAMBÉM NO SALÃO COMUNITÁRIO OU EM OUTRO ESPAÇO PÚBLICO.

## CONVITE

PARA CHAMAR AS PESSOAS PARA VER A EXPOSIÇÃO, VOCÊ VAI FAZER UM CONVITE.

**1.** LEIA O CONVITE ABAIXO COM O PROFESSOR E ESCREVA AS INFORMAÇÕES QUE FALTAM.

---

**CONVITE PARA A EXPOSIÇÃO "RELEITURA DE UMA OBRA DE TARSILA DO AMARAL"**

VENHA CONHECER A EXPOSIÇÃO DE PINTURAS DOS ALUNOS DO PRIMEIRO ANO!

LOCAL: _____

_____

DATA: _____

HORÁRIO: ÀS _____ HORAS

CAROLINA SARTÓRIO

---

**2.** PASSE O CONVITE A LIMPO EM UM PEDAÇO DE CARTOLINA. FAÇA UM DESENHO PARA DECORÁ-LO.

**3.** ENTREGUE O CONVITE A SEUS PAIS OU ÀS PESSOAS QUE CUIDAM DE VOCÊ.

# ORALIDADE

## APRESENTAÇÃO ORAL

ALÉM DE FAMILIARES, A EXPOSIÇÃO DE PINTURAS TAMBÉM SERÁ VISTA POR COLEGAS DE OUTRA TURMA, E VOCÊ CONTARÁ COMO FOI A PRODUÇÃO DA IMAGEM. VAMOS LÁ?

1. O PROFESSOR ORGANIZARÁ UM GRUPO PARA IR ATÉ A SALA DA TURMA ESCOLHIDA CONVIDAR OS COLEGAS PARA VISITAR A EXPOSIÇÃO.

2. NO DIA DA VISITA, QUANDO O PROFESSOR PEDIR, FIQUE EM PÉ AO LADO DE SUA PINTURA E, USANDO UM TOM DE VOZ QUE TODOS POSSAM OUVIR, SE APRESENTE E CONTE:

   - O NOME DA PINTURA E POR QUE VOCÊ O ESCOLHEU;
   - O QUE VOCÊ FEZ DE DIFERENTE EM RELAÇÃO À PINTURA DE TARSILA DO AMARAL;
   - SE TEVE ALGUMA DIFICULDADE E QUAL FOI;
   - O QUE MAIS GOSTOU DE FAZER NESSA ATIVIDADE.

   IMPORTANTE: PARA ESTAR TRANQUILO NA HORA DE FALAR, ENSAIE ANTES O QUE VAI DIZER.

3. SE ALGUM COLEGA QUISER FAZER UMA PERGUNTA, OUÇA-O COM ATENÇÃO E DÊ SUA RESPOSTA.

4. NO FINAL, AGRADEÇA AOS COLEGAS A PRESENÇA E A ATENÇÃO.

### AÍ VEM HISTÓRIA

COMO ERA O DIA A DIA DA MENINA TARSILA DO AMARAL NA FAZENDA ONDE ELA VIVIA? SERÁ QUE ELA IA À ESCOLA? OUÇA A LEITURA DO TEXTO DA PÁGINA 254.

## REVENDO O QUE APRENDI

**1** LEIA A PARLENDA COM OS COLEGAS E O PROFESSOR.

CORRE, COTIA
DE NOITE E DE DIA
DEBAIXO DA CAMA
DA SUA TIA
CORRE, CIPÓ
NA CASA DA AVÓ
LENCINHO NA MÃO
CAIU NO CHÃO
MOCINHA BONITA
DO MEU CORAÇÃO.

DOMÍNIO PÚBLICO.

**A)** VOCÊ GOSTOU DAS RIMAS DESSA PARLENDA? POR QUÊ?

_____

**B)** QUE PALAVRAS DA PARLENDA RIMAM COM:

- COTIA? _____
- CIPÓ? _____
- MÃO? _____

**C)** PINTE NA PARLENDA:
- O NOME DE UM ANIMAL;
- O NOME DE UM ÓRGÃO DE NOSSO CORPO.

**2** TROQUE SÍLABAS E FORME OUTROS NOMES.

CAMA → TROQUE **MA** POR **SA**: _____

CASA → TROQUE **SA** POR **PA**: _____

**3** ORGANIZE AS SÍLABAS E ESCREVA O NOME DE UM INSTRUMENTO MUSICAL QUE FOI TRAZIDO AO BRASIL POR AFRICANOS ESCRAVIZADOS.

Í   CA   CU

_____

**4** COM A PRIMEIRA SÍLABA DO NOME DESSE INSTRUMENTO, PODEMOS ESCREVER O NOME DO BRINQUEDO MOSTRADO ABAIXO. QUAL É O NOME?

_____

• SE, NESSA PALAVRA, VOCÊ TROCAR A LETRA **U** PELA LETRA **A**, QUE PALAVRA VOCÊ FORMA?

_____

**5** VOCÊ ESTÁ TERMINANDO O PRIMEIRO ANO DO ENSINO FUNDAMENTAL! FAÇA UM DESENHO, UMA PINTURA OU UMA COLAGEM COM FIGURAS E PALAVRAS RECORTADAS PARA REPRESENTAR O QUE VOCÊ ACHOU DESTE ANO NA ESCOLA. SE QUISER, ESCREVA ALGUMAS FRASES.

## PARA IR MAIS LONGE

**LIVROS**

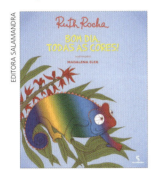

▶ **BOM DIA, TODAS AS CORES!**, DE RUTH ROCHA. SÃO PAULO: SALAMANDRA, 2013.

O CAMALEÃO QUERIA A TODOS AGRADAR. MAS QUEM A SI MESMO NÃO AGRADA CONSEGUE AGRADAR AOS OUTROS?

▶ **TODAS AS CORES DO MAR**, DE LUÍS PIMENTEL. SÃO PAULO: GLOBAL, 2007.

MARINA REALIZOU O SONHO DE CONHECER O MAR: PASSOU O DIA NA PRAIA E FEZ UMA IMPORTANTE DESCOBERTA VENDO AS MUDANÇAS NA COR DA ÁGUA. O QUE SERÁ QUE ELA DESCOBRIU?

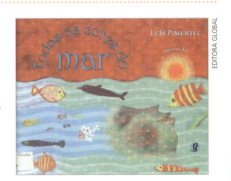

▶ **MENINOS GOSTAM DE AZUL, MENINAS GOSTAM DE ROSA. OU NÃO?**, DE NÍVEA SALGADO. SÃO PAULO: CALLIS, 2014.

MENINOS TAMBÉM GOSTAM DE ROSA E ADORAM DANÇAR. E MENINAS PODEM GOSTAR DE AZUL E DE JOGAR BOLA. E VOCÊ, MENINO OU MENINA, GOSTA DE QUÊ?

▶ **VAMOS FAZER ARTE COM O AZUL ANIL?**, DE ALICE SEIBEL WAPLER E MARIA EDUARDA R. V. DA CUNHA. PORTO ALEGRE: MEDIAÇÃO, 2011.

ESSE LIVRO É PARA QUEM FAZ ARTE E GOSTA DE TINTAS, CORES, DESENHOS E COLAGENS. UM CONVITE A PINTAR, MELECAR, INVENTAR...

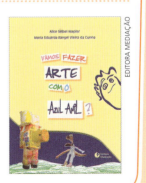

# AÍ VEM HISTÓRIA – TEXTOS

## UNIDADE 1

### A CASA QUE PEDRO FEZ

ESTA É A CASA QUE PEDRO FEZ.

ESTE É O TRIGO QUE ESTÁ NA CASA QUE PEDRO FEZ.

ESTE É O RATO QUE COMEU O TRIGO QUE ESTÁ NA CASA QUE PEDRO FEZ.

ESTE É O GATO QUE MATOU O RATO QUE COMEU O TRIGO QUE ESTÁ NA CASA QUE PEDRO FEZ.

ESTE É O CACHORRO QUE CORREU ATRÁS DO GATO QUE MATOU O RATO QUE COMEU O TRIGO QUE ESTÁ NA CASA QUE PEDRO FEZ.

ESTA É A VACA DE CHIFRE TORTO QUE ATACOU O CACHORRO QUE CORREU ATRÁS DO GATO QUE MATOU O RATO QUE COMEU O TRIGO QUE ESTÁ NA CASA QUE PEDRO FEZ.

ESTA É A MOÇA QUE ORDENHOU A VACA DE CHIFRE TORTO QUE ATACOU O CACHORRO QUE CORREU ATRÁS DO GATO QUE MATOU O RATO QUE COMEU O TRIGO QUE ESTÁ NA CASA QUE PEDRO FEZ.

DOMÍNIO PÚBLICO.

# UNIDADE 2

**PULAR CORDA**

SE PUDESSE O MENINO PULARIA
CORDA
COM A LINHA DO HORIZONTE,
SE DEITARIA SOBRE A CURVATURA
DA TERRA
PARA SEMPRE E SEMPRE
SAUDAR O SOL,
ENCHERIA OS BOLSOS
DE TERRA E GIRASSÓIS.
MAS CHOVE UMA CHUVA
FINA

E O MENINO VAI ATÉ A COZINHA
FRITAR IDEIAS

ROSEANA MURRAY. *BRINQUEDOS E BRINCADEIRAS*.
SÃO PAULO: FTD, 2014. P. 9.

# UNIDADE 3

## A PRINCESA QUE ESCOLHIA

ERA UMA VEZ UMA PRINCESA MUITO BOAZINHA E BEM-COMPORTADA. BOAZINHA ATÉ DEMAIS, SABE? OBEDECIA A TUDO. CONCORDAVA COM TODOS. UMA VERDADEIRA MARIA VAI COM AS OUTRAS.

[...]

AINDA BEM QUE ISSO NÃO DUROU MUITO, PORQUE SENÃO A GENTE NÃO IA TER HISTÓRIA. OU SÓ IA TER UMA HISTÓRIA MUITO CHATA, SEM GRAÇA NENHUMA.

MAS A SORTE É QUE UM DIA ELA DISSE:

– DESCULPE, MAS ACHO QUE NÃO.

TODO MUNDO SE ESPANTOU MUITO.

A MÃE, QUE TAMBÉM ERA BOAZINHA DEMAIS, QUASE DESMAIOU DE SUSTO.

O PAI DELA, QUE ERA TODO METIDO A MANDACHUVA, FICOU FURIOSO. ELE ERA DO TIPO QUE ACHAVA QUE PRÍNCIPE SERVE PARA ANDAR A CAVALO, ENFRENTAR GIGANTES E MATAR DRAGÕES, MAS QUE PRINCESA SÓ SERVE PARA FICAR APRENDENDO A SER LINDA E BOAZINHA, ENQUANTO SEU PRÍNCIPE NÃO VEM. ENTÃO RESOLVEU BOTAR A PRINCESINHA DE CASTIGO.

– VAI FICAR TRANCADA NA TORRE! SÓ SAI DE LÁ QUANDO VOLTAR A SER BOAZINHA.

FOI A MAIOR SORTE DA VIDA DA PRINCESA. PORQUE ESSA TORRE FICAVA BEM ISOLADA DO RESTO DO CASTELO. NA VERDADE, ERAM OS ANTIGOS APOSENTOS DE UM MAGO QUE SAÍRA PARA VIAJAR E NUNCA MAIS VOLTOU. TINHA UMA BIBLIOTECA AONDE QUASE NINGUÉM IA. E DAVA PARA UM JARDIM FECHADO POR UM MURO ALTO, ONDE QUASE NINGUÉM ENTRAVA.

DE CASTIGO NA TORRE, A PRINCESA FOI SE DISTRAINDO COMO PODIA.

OLHAVA MUITO PELA JANELA. [...]

[...] DE VEZ EM QUANDO CONVERSAVA COM O JARDINEIRO REAL [...] FEZ AMIZADE COM OS FILHOS DELE, UM MENINO E UMA MENINA, COM QUEM SUBIA EM ÁRVORES, BRINCAVA DE PIQUE E PESCAVA NO LAGUINHO. [...]

MAS A PRINCESA NÃO FICAVA SÓ OLHANDO PELA JANELA E BRINCANDO COM OS AMIGOS. TAMBÉM IA MUITO ÀS SALAS DO MAGO. A MAIOR DAS MARAVILHAS. TINHA UM MONTE DE LIVROS E COMPUTADOR COM ACESSO À INTERNET. E ELA LIA, LIA, SEM PARAR.
[...]
UM DIA, A PRINCESA OUVIU NO NOTICIÁRIO DA TELEVISÃO QUE ESTAVA HAVENDO NO REINO UMA EPIDEMIA DE UMA DOENÇA, E O REI ESTAVA PREOCUPADO.
RESOLVEU MANDAR UM RECADO PARA ELE PELA COPEIRA [...]

FOI BOM, PORQUE O REI VEIO COM A RAINHA VISITAR A PRINCESA. ELE ERA MANDÃO E TEIMOSO, MAS GOSTAVA DA FILHA E ESTAVA COM MUITA SAUDADE DELA. [...]
[...]
– EU SOUBE QUE VOCÊ TEM ALGUMA COISA A ME DIZER SOBRE A DOENÇA QUE ASSOLA O REINO. O QUE É?
– MOSQUITO! – DISSE A MENINA.
O REI FICOU ESPANTADÍSSIMO.

MAS A PRINCESINHA DESATOU A FALAR. CONTOU QUE AQUELA FEBRE ERA TRANSMITIDA POR UM MOSQUITO [...], QUE ERA PRECISO FAZER UMA CAMPANHA DE SANEAMENTO E ENSINAR UMA PORÇÃO DE COISAS À POPULAÇÃO. [...]

[...]

O REI SEGUIU AQUELES CONSELHOS E DEU TUDO CERTO. ELE FICOU TÃO CONTENTE QUE TIROU A PRINCESA DO CASTIGO. DEIXOU QUE ELA SAÍSSE DA TORRE E ELA PASSOU A SÓ IR LÁ QUANDO QUERIA, PARA BRINCAR COM OS AMIGOS OU IR À BIBLIOTECA.

[...]

A PARTIR DESSE DIA, A PRINCESA PASSOU A ESCOLHER. [...]

ANA MARIA MACHADO. *A PRINCESA QUE ESCOLHIA*. RIO DE JANEIRO: ALFAGUARA, 2012. P. 7-8, 11-12, 15-16, 19-20, 23-24.

# UNIDADE 4

## OS PÃEZINHOS DE CRISTA RUIVA

CERTO DIA, A GALINHA CRISTA RUIVA PASSEAVA PELO CAMPO COM SEUS FILHOTES QUANDO ENCONTROU UM GRÃO DE TRIGO. LOGO PENSOU: "POSSO PLANTAR ESSE GRÃO E TER UM PÉ DE TRIGO". E FOI PEDIR AJUDA A SEUS VIZINHOS.

– QUEM QUER ME AJUDAR A PLANTAR ESTE GRÃOZINHO?

– EU NÃO QUERO! – DISSE O PORCO.

– EU NÃO POSSO! – DISSE O PATO.

– EU NÃO SEI! – DISSE O GATO.

CRISTA RUIVA PISCOU, PENSOU E RESOLVEU PLANTAR O GRÃO DE TRIGO SOZINHA. DEPOIS DE ALGUM TEMPO, O PÉ DE TRIGO CRESCEU E FICOU MADURO. A GALINHA PENSOU: "PRECISO COLHER O TRIGO E DESCASCÁ-LO".

– QUEM QUER ME AJUDAR? – PERGUNTOU A SEUS VIZINHOS.

– EU NÃO QUERO! – RESPONDEU O PORCO.

– EU NÃO POSSO! – RESPONDEU O PATO.

– EU NÃO SEI! – RESPONDEU O GATO.

CRISTA RUIVA PISCOU, PENSOU E RESOLVEU DESCASCAR OS GRÃOS DE TRIGO SOZINHA. ASSIM QUE OS GRÃOS ESTAVAM SOLTOS E LIMPOS, A GALINHA DECIDIU MOER OS GRÃOS PARA FAZER FARINHA.

– QUEM QUER ME AJUDAR? – PERGUNTOU A SEUS VIZINHOS.

– JÁ DISSE QUE NÃO QUERO! – GRITOU O PORCO, ZANGADO.

– JÁ DISSE QUE NÃO POSSO! – GRITOU O PATO, ABORRECIDO.

– JÁ DISSE QUE NÃO SEI! – GRITOU O GATO, IRRITADO.

CRISTA RUIVA PISCOU, PENSOU E RESOLVEU IR AO MOINHO DA CIDADE MOER OS GRÃOS DE TRIGO SOZINHA. MAIS TARDE, AO CHEGAR EM CASA, ELA PLANEJOU: "AMANHÃ, COM ESTA FARINHA, FAREI UM PÃO DELICIOSO".

E FOI DORMIR COM SEUS PINTINHOS.

NO DIA SEGUINTE, CRISTA RUIVA PEGOU O LIVRO DE RECEITAS E FOI PREPARAR O PÃO: MISTUROU A FARINHA DE TRIGO COM ÁGUA MORNA, JUNTOU O SAL, O FERMENTO E AMASSOU BEM A MASSA. [...]

LOGO ELES FICARAM PRONTOS, E SEU AROMA DELICIOSO ESCAPULIU PELA JANELA, ATRAINDO A ATENÇÃO DO PORCO, DO PATO E DO GATO. QUANDO ELES SE APROXIMARAM DA JANELA PARA ESPIAR, CRISTA RUIVA PERGUNTOU:

— QUEM AJUDA A COMER ESTES PÃEZINHOS?

— AGORA EU QUERO! — GRUNHIU O PORCO, SORRIDENTE.

— AGORA EU POSSO! — GRASNOU O PATO, BATENDO ASAS.

— AGORA EU JÁ SEI! — MIOU O GATO, TODO FELIZ.

— ORA ESSA, SEUS DANADINHOS! PARA PLANTAR E DEBULHAR O TRIGO OU AMASSAR O PÃO, NINGUÉM ME AJUDOU. NEM QUISERAM SE MEXER! ACHAM AGORA QUE PODEM COMER? — ELA ZANGOU-SE.

— TEM RAZÃO — DISSERAM ELES. — DESCULPE, CRISTA RUIVA. JÁ PERCEBEMOS COMO É IMPORTANTE COOPERAR.

CRISTA RUIVA PISCOU, PENSOU E RESOLVEU DEIXAR PARA LÁ [...]

— ESTÁ BEM... ENTÃO VAMOS COMEMORAR ESSA DESCOBERTA! MAS VOCÊS VÃO LAVAR OS PRATOS E LIMPAR A BAGUNÇA DA COZINHA.

— MUITO JUSTO. [...]

E, ASSIM, TODOS COMERAM DO PÃO QUENTINHO, SABOROSO E PERFUMADO.

FLÁVIA MUNIZ E MÁRCIA KUPSTAS. *SABORES INCRÍVEIS*. SÃO PAULO: MELHORAMENTOS, 2012. P. 36-37.

# UNIDADE 5

## AMIZADE

O QUE VOU DIZER DA AMIZADE?
QUE RIMA COM A LINDA LEALDADE!
NASCE COM SORRISO
E DELA EU PRECISO
PARA EU SER FELIZ DE VERDADE.

EU TENHO UMA AMIGA AUSENTE
QUE A GUARDO ASSIM NA MINHA MENTE
HÁ UM TEMPO NÃO A VEJO
MAS O MEU DESEJO
É TER MINHA AMIGA PRESENTE.

AMIGO, AMIGÃO OU AMIGUINHO
RICO, POBRE, ALTO OU BAIXINHO
VIVA O DIFERENTE
A VIDA É CONTENTE
QUANDO NINGUÉM VIVE SOZINHO.

CÉSAR OBEID. *CRIANÇA POETA*: QUADRAS, CORDÉIS E LIMERIQUES.
SÃO PAULO: EDITORA DO BRASIL, 2011. P. 15.

## UNIDADE 6

### BRINCADEIRAS INDÍGENAS*

ENTRE OS MUNDURUKU, ÍNDIOS QUE VIVEM NO ESTADO DO PARÁ, UMA BRINCADEIRA MUITO COMUM É A DO MACACO. [...]

A BRINCADEIRA É ASSIM: UM GRUPO DE CRIANÇAS, DE MÃOS DADAS, FAZ UM CÍRCULO BEM FECHADO, ENQUANTO OUTRAS FICAM NO CENTRO DO CÍRCULO, TENTANDO FURAR O BLOQUEIO DOS BRAÇOS. AS CRIANÇAS QUE ESTÃO FECHANDO O CÍRCULO DEVEM IMPEDIR QUE AS OUTRAS QUE ESTÃO DENTRO DO CÍRCULO ESCAPEM [...].

[...]

ENTRE OS XAVANTE, ÍNDIOS QUE VIVEM NO MATO GROSSO, HÁ UMA BRINCADEIRA MUITO GOSTOSA. ELA SE CHAMA *DATIST'WAPE*, MENINOS E MENINAS BRINCAM. SABEM COMO É? UNS DEVEM SUBIR NOS OMBROS DOS OUTROS E TRAVAR UMA BATALHA NA ÁGUA. VENCEM AQUELES QUE DERRUBAREM A DUPLA ADVERSÁRIA. [...]

*TÍTULO ATRIBUÍDO AO TEXTO PARA FINS DIDÁTICOS.

[...]
O FUTEBOL NÃO É NOVIDADE PARA OS ÍNDIOS AWETI, QUE VIVEM NO PARQUE NACIONAL DO XINGU. [...] NAQUELA REGIÃO SEMPRE HOUVE DUAS ÁRVORES QUE OFERECEM MATERIAL PARA SUA BOLA. UMA É A SERINGUEIRA E A OUTRA, A MANGABEIRA. A SEIVA DESTAS ÁRVORES, QUANDO COLETADA E ENROLADA, FORMA UMA MARAVILHOSA BOLA COM A QUAL OS INDIOZINHOS SE DIVERTEM. [...]

DANIEL MUNDURUKU. *COISAS DE ÍNDIO*: VERSÃO INFANTIL. SÃO PAULO: CALLIS, 2010. P. 43-44.

# UNIDADE 7

## A CIGARRA E AS FORMIGAS

A CIGARRA ESTAVA SENTADA NUMA FOLHA, CANTANDO TODA FELIZ.

NÃO CONSEGUIA ENTENDER POR QUE AS FORMIGAS TRABALHAVAM TANTO, EM PLENO VERÃO.

– CARREGAR TODO AQUELE TRIGO, DEBAIXO DE TANTO CALOR! QUE LOUCURA!

PASSOU O TEMPO E CHEGOU O INVERNO. UM DIA, MORTA DE FOME, A CIGARRA FOI ATÉ AS FORMIGAS QUE ESTAVAM SECANDO O TRIGO AO SOL.

– VOCÊS TÊM TANTO TRIGO! PODEM ME DAR UM POUCO?

– POR QUE NÃO SE ABASTECEU NO VERÃO PASSADO? – AS FORMIGAS REPLICARAM.

– NÃO TIVE TEMPO – RESPONDEU A CIGARRA. – PRECISAVA CANTAR.

– JÁ QUE VOCÊ CANTOU NO VERÃO, POR QUE NÃO DANÇA NO INVERNO? – DISSERAM AS FORMIGAS, DANDO RISADA.

FÁBULAS DE ESOPO. SÃO PAULO: WMF MARTINS FONTES, 2014. P. 32.

# UNIDADE 8

## QUADRINHAS POPULARES

VOA, VOA, PASSARINHO
SE TU JÁ QUERES VOAR;
OS PEZINHOS PELO CHÃO
E AS ASINHAS PELO AR.


ESCREVI TEU BELO NOME
NA PALMA DA MINHA MÃO,
PASSOU UM PÁSSARO E DISSE:
– ESCREVE EM TEU CORAÇÃO.


COMO DUAS ANDORINHAS
NUMA TARDE DE VERÃO,
SEREMOS SEMPRE AMIGAS,
AMIGAS DO CORAÇÃO.


CORRE RATINHO
QUE O GATO TEM FOME.
CORRE RATINHO
QUE O GATO TE COME.


NÃO TENHO MEDO DO HOMEM,
NEM DO RONCO QUE ELE TEM.
O BESOURO TAMBÉM RONCA.
VAI SE VER, NÃO É NINGUÉM.

DOMÍNIO PÚBLICO.

# UNIDADE 9

## A INFÂNCIA DE TARSILA DO AMARAL

[...] TARSILA APRENDEU A LER, ESCREVER E BORDAR COM SUA PRIMEIRA PROFESSORA, CHAMADA MARIE, QUE TINHA VINTE ANOS E MORAVA NA FAZENDA. ELA ERA DE OUTRO PAÍS, CHAMADO BÉLGICA. O PAI DE TARSILA A CONTRATOU PARA DAR AULAS A SEUS FILHOS, ASSIM ERA O COSTUME DAS PESSOAS RICAS DESSE TEMPO BEM ANTIGO.

[...]

MAS ERA DIFÍCIL ESTUDAR NUM LUGAR CHEIO DE ÁRVORES, BICHOS PARA BRINCAR E RIACHOS PARA MERGULHAR. QUANDO A PROFESSORA MARIE A CHAMAVA PARA AS LIÇÕES DE FRANCÊS, TARSILA TENTAVA FUGIR. PREFERIA CORRER, SALTAR E PROCURAR MARACUJÁ NO MATO. MAS LÁ IA TARSILA PARA SUA AULA: "*BONJOUR...*".

[...]

ESSA VIDA CHEIA DE NOVIDADES FICAVA MAIS GOSTOSA QUANDO A FAMÍLIA TODA IA VIAJAR DE TROLE. TROLE ERA UM CARRO MUITO COMUM NAS FAZENDAS E NO INTERIOR, QUE ANDAVA SOBRE OS TRILHOS DA FERROVIA. NESSA ÉPOCA NÃO EXISTIAM AUTOMÓVEIS. TARSILA E SUA FAMÍLIA IAM DA FAZENDA SÃO BERNARDO ATÉ A CIDADE DE CAPIVARI COM ESSE CARRO. [...] CHAMAVA A ATENÇÃO A TERRA, COM AS FOLHAS VERDES E OS GRÃOS MIÚDOS E VERMELHINHOS DOS MUITOS PÉS DE CAFÉ. NO MEIO DO CAMINHO, A FAMÍLIA PARAVA NAS AZULADAS SOMBRAS DAS ÁRVORES, ESTENDIA LINDAS TOALHAS DE RENDA E FAZIA PIQUENIQUES.

E A VIDA PARA TARSILA, ENTRE PASSEIOS, ESTUDOS E MOLECAGENS, ERA BOA: CAIR NOS RIACHOS, DAR CAMBALHOTAS NO MATO, SUBIR NO MAMOEIRO, COMER FRUTA NO PÉ DAS ÁRVORES, ANDAR DESCALÇA, VER TANTOS BICHOS: A VACA DANDO LEITE, A GALINHA BOTANDO OVO, OS CAVALOS, OS BOIS. É, A VIDA ERA BOA. [...]

CARLA CARUSO. *A INFÂNCIA DE TARSILA DO AMARAL*. SÃO PAULO: CALLIS, 2011. P. 8-9, 17 E 19.

## ATIVIDADES PARA CASA

**UNIDADE 1**

**1** OBSERVE AS IMAGENS, AS PALAVRAS E OS NÚMEROS.

A) PINTE DE **AZUL** OS QUADROS EM QUE SÓ HÁ PALAVRAS.

B) PINTE DE **LARANJA** OS QUADRINHOS EM QUE SÓ HÁ NÚMEROS.

C) CIRCULE AS IMAGENS.

**2** FAÇA UM **X** NO QUADRO QUE TEM LETRAS, NÚMEROS E IMAGEM.

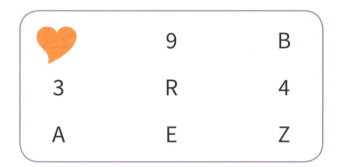

**3** DESCUBRA NO QUADRO O NOME DE QUATRO COLEGAS DE UMA TURMA DO 1º ANO E CIRCULE-OS. ATENÇÃO: OS NOMES SÃO ESCRITOS APENAS COM LETRAS, NÃO TÊM NÚMEROS NEM SINAIS.

| V1NÍCI8S | JOANA | LARISSA |
|---|---|---|
| LUCAS | ALE55ANDR4 | BRUNA |

**4** RELEIA O NOME DE UM DOS COLEGAS MOSTRADOS NA ATIVIDADE 3.

LUCAS

A) O NOME DELE TEM _____ LETRAS.

B) O NOME DELE COMEÇA COM A LETRA _____.

C) O NOME DELE TERMINA COM A LETRA _____.

**5** PINTE AS LETRAS DO NOME **LUCAS**.

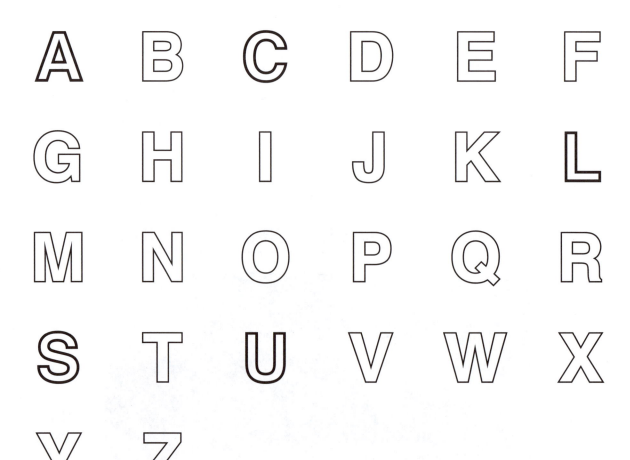

**6** FALE O NOME DAS IMAGENS, DEPOIS CIRCULE OS NOMES QUE COMEÇAM COM A MESMA LETRA QUE **LUCAS**.

ÁRVORE

LARANJA

CANECA

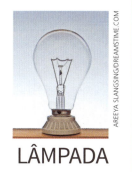
LÂMPADA

**7** LEIA ESTA CANTIGA.

**CIRANDA, CIRANDINHA**

CIRANDA, CIRANDINHA,
VAMOS TODOS CIRANDAR,
VAMOS DAR A MEIA-VOLTA,
VOLTA E MEIA VAMOS DAR.

O ANEL QUE TU ME DESTE
ERA VIDRO E SE QUEBROU,
O AMOR QUE TU ME TINHAS
ERA POUCO E SE ACABOU.

DOMÍNIO PÚBLICO.

**A)** QUAL DESTAS PALAVRAS DA CANTIGA COMEÇA COM AS DUAS PRIMEIRAS LETRAS DO NOME **ANA**?

☐ CIRANDA

☐ ANEL

☐ AMOR

**B)** PINTE NA CANTIGA A PALAVRA QUE RIMA COM **QUEBROU**.

## UNIDADE 2

**1** FAÇA UM **X** NAS IMAGENS DE CADA GRUPO QUE TÊM NOME COMEÇADO COM A LETRA INDICADA.

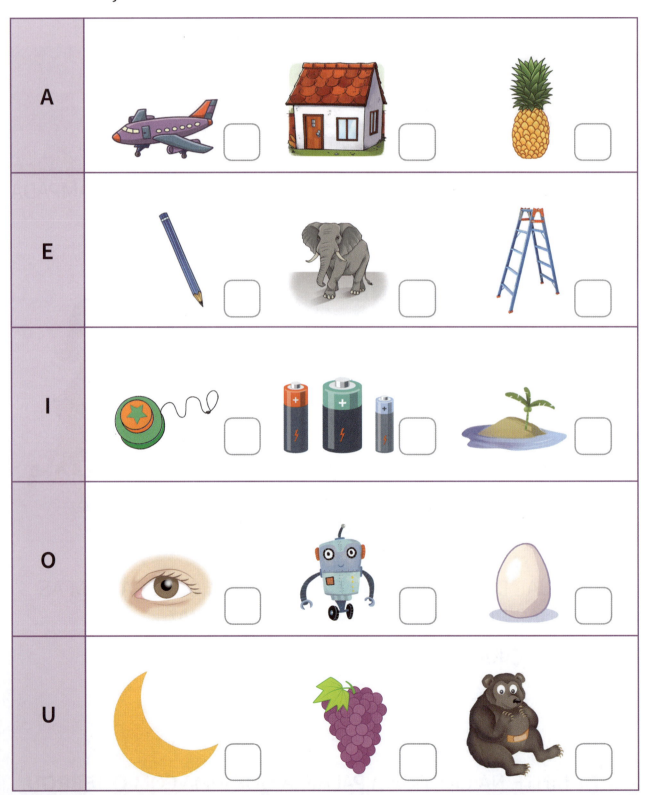

**2** LEIA ESTA QUADRINHA.

AS ESTRELAS NASCEM NO CÉU,
OS PEIXES NASCEM NO MAR,
EU NASCI AQUI NESTE MUNDO,
SOMENTE PARA TE AMAR!

DOMÍNIO PÚBLICO.

A) CIRCULE NA QUADRINHA A PALAVRA QUE RIMA COM **MAR**.

B) COPIE DA QUADRINHA DUAS PALAVRAS COM TRÊS LETRAS.

_____

C) PINTE DE **VERDE** A PALAVRA QUE INDICA UM ANIMAL.

D) FALE O NOME DAS IMAGENS, DEPOIS CIRCULE OS NOMES QUE COMEÇAM COM **P**, COMO **PEIXES**.

SAPATOS   PINCEL   PORTA

PENTE   PIPOCA   LÁPIS DE COR

**3** FALE O NOME DAS IMAGENS, DEPOIS ESCREVA A PRIMEIRA LETRA DAS PALAVRAS.

A)   ____ O L A

B)   ____ O C A

C)   ____ O T A

D)   ____ A L A

**4** LEIA O NOME DAS IMAGENS.

BALA

SALA

MALA

FALA

A) PINTE AS LETRAS QUE SE REPETEM EM TODAS AS PALAVRAS.

B) CIRCULE AS LETRAS QUE NÃO SE REPETEM.

C) ESCREVA NO QUADRO, DO JEITO QUE SOUBER, TRÊS OUTRAS PALAVRAS QUE COMECEM COM AS LETRAS **M**, **S** OU **F**.

## UNIDADE 3

**1** LEIA O NOME DAS IMAGENS E ESCREVA NOS QUADRINHOS A QUANTIDADE DE LETRAS DE CADA UMA.

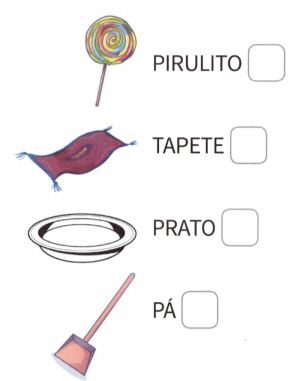

PIRULITO ☐

TAPETE ☐

PRATO ☐

PÁ ☐

**2** COPIE A PALAVRA DA ATIVIDADE ANTERIOR QUE TEM MAIS LETRAS. ESCREVA UMA LETRA EM CADA QUADRINHO.

**A)** PINTE DE **AZUL** A PRIMEIRA LETRA DESSA PALAVRA.

◆ CIRCULE A PALAVRA QUE TAMBÉM COMEÇA COM ESSA LETRA.

BOLO

BICICLETA

PIÃO

B) PINTE DE **VERMELHO** A ÚLTIMA LETRA DESSA PALAVRA.

◆ CIRCULE AS PALAVRAS QUE TAMBÉM TERMINAM COM ESSA LETRA.

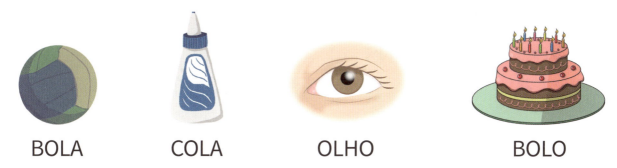

BOLA    COLA    OLHO    BOLO

3  LEIA O NOME DAS BRINCADEIRAS A SEGUIR.

PATINS    CORDA    AMARELINHA

FUTEBOL    RODA    BAMBOLÊ

A) CIRCULE A PRIMEIRA LETRA DO NOME DE CADA BRINCADEIRA.

**B)** AGORA ESCREVA A PRIMEIRA LETRA DO NOME DE CADA BRINCADEIRA.

**C)** ESCREVA O NOME DAS BRINCADEIRAS EM ORDEM ALFABÉTICA.

**4** NA MESA DE UM ALUNO DO 1º ANO HÁ VÁRIOS OBJETOS. VEJA.

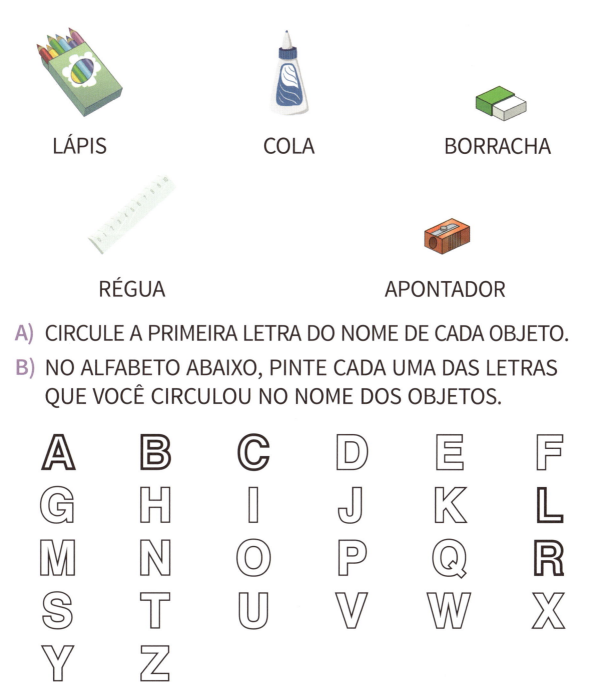

LÁPIS  COLA  BORRACHA

RÉGUA  APONTADOR

**A)** CIRCULE A PRIMEIRA LETRA DO NOME DE CADA OBJETO.

**B)** NO ALFABETO ABAIXO, PINTE CADA UMA DAS LETRAS QUE VOCÊ CIRCULOU NO NOME DOS OBJETOS.

A B C D E F
G H I J K L
M N O P Q R
S T U V W X
Y Z

**C)** COPIE OS NOMES DOS OBJETOS NA ORDEM ALFABÉTICA.

_____

_____

# UNIDADE 4

**1** LEIA A LISTA DE INGREDIENTES PARA FAZER UM BOLO DE CHOCOLATE.

A) O INGREDIENTE QUE FAZ O BOLO CRESCER É O FERMENTO. ESCREVA A PALAVRA **FERMENTO** ABAIXO, COLOCANDO UMA LETRA EM CADA QUADRINHO.

B) QUANTAS LETRAS HÁ NESSA PALAVRA? _____

C) AGORA, LEIA A PALAVRA EM VOZ ALTA E ESCREVA CADA SÍLABA (PARTE MENOR) EM UM QUADRINHO.

D) QUANTAS SÍLABAS ESSA PALAVRA TEM? _____

E) DESENHE E PINTE UM BOLO AO LADO DA LISTA DE INGREDIENTES.

**2** COPIE O NOME DE OUTRO INGREDIENTE DA LISTA QUE COMEÇA COM A PRIMEIRA LETRA DE **FERMENTO**. ESCREVA UMA LETRA EM CADA QUADRINHO.

|   |   |   |   |   |   |
|---|---|---|---|---|---|

A) **FARINHA** TEM _____ LETRAS.

B) DIGA **FARINHA** EM VOZ ALTA. QUANTAS SÍLABAS ESSA PALAVRA TEM? _____

C) ESCREVA CADA SÍLABA EM UM QUADRINHO.

|   |   |   |
|---|---|---|

D) PINTE DE **AZUL** A PRIMEIRA SÍLABA DESSA PALAVRA.

E) ESCREVA NOS ESPAÇOS ABAIXO A SÍLABA QUE VOCÊ PINTOU E FORME OUTRAS PALAVRAS.

_____ CA          ALMO _____ DA          GIRA _____

**3** COPIE DE NOVO O PRIMEIRO INGREDIENTE DA LISTA.

_____

A) TROQUE A PRIMEIRA LETRA DESSA PALAVRA PELA LETRA **V**. O QUE VOCÊ LÊ? _____ ARINHA

B) ESCREVA NOS QUADRINHOS AS SÍLABAS DA PALAVRA QUE VOCÊ FORMOU NO ITEM ANTERIOR.

|  |  |  |
|--|--|--|

C) AGORA LEIA O NOME DAS IMAGENS ABAIXO. EM QUAL DOS NOMES APARECE A PRIMEIRA SÍLABA DE **VARINHA**? CIRCULE-O.

FADA

VACA

ABELHA

CASA

D) COPIE A PALAVRA QUE VOCÊ CIRCULOU.

_____

**4** PREENCHA O DIAGRAMA COM O NOME DAS IMAGENS E DESCUBRA, NA VERTICAL, UM TIPO DE ALIMENTO VENDIDO NA FEIRA.

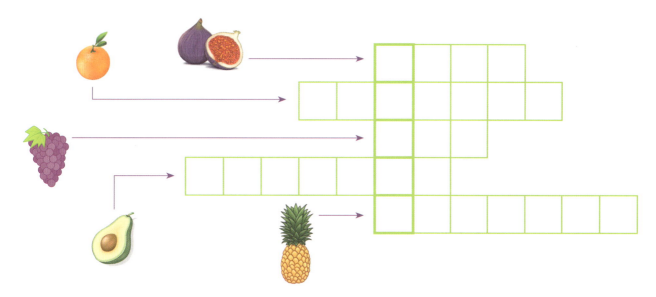

**5** VOCÊ SABIA QUE, SE TROCARMOS UMA LETRA DE UMA PALAVRA, PODEMOS FORMAR OUTRA? DESCUBRA TROCANDO **V** POR **F** NAS PALAVRAS A SEGUIR.

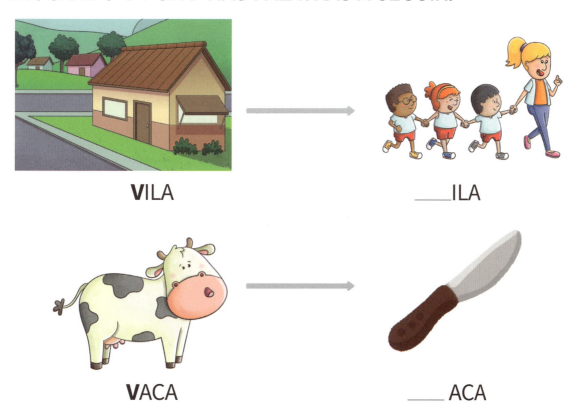

**V**ILA          ____ILA

**V**ACA         ____ACA

**6** COMPLETE AS PALAVRAS COM A SÍLABA ADEQUADA.

FA   FE   FI   FO   FU

_____ MAÇA

GIRA _____

_____ CHADURA           _____ GUEIRA           _____ VELA

**7** COLOQUE AS LETRAS NA ORDEM CERTA E FORME MAIS PALAVRAS ESCRITAS COM **F**.

A) O G I F: _____

B) É C F A: _____

C) F I E Ã O J: _____

# UNIDADE 5

**1** DAVI VAI FAZER ANIVERSÁRIO. LEIA O BILHETE QUE ELE DEIXOU PARA DANIELA.

> DANIELA,
> NÃO SE ESQUEÇA DE QUE AMANHÃ É MINHA FESTA. NÃO FALTE!
> UM ABRAÇO
> 
> DAVI

**A)** DO QUE ESSE BILHETE FALA? FAÇA UM **X** NA IMAGEM QUE REPRESENTA O ASSUNTO DELE.

**B)** PINTE DE **VERMELHO** O NOME DA DESTINATÁRIA DO BILHETE. DEPOIS COPIE O NOME DELA, COLOCANDO CADA LETRA EM UM QUADRINHO.

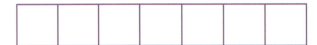

**C)** PINTE DE **VERDE** O NOME DO REMETENTE DO BILHETE. DEPOIS COPIE-O, COLOCANDO UMA LETRA EM CADA QUADRINHO.

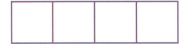

**D)** PINTE A PRIMEIRA LETRA DO NOME DO REMETENTE.

**E)** FALE ALTO O NOME DAS IMAGENS ABAIXO. FAÇA UM **X** NAS IMAGENS QUE TÊM NOME COMEÇADO COM A MESMA LETRA QUE **DAVI**.

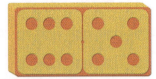

**2** COMPARE AS PALAVRAS ABAIXO.

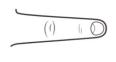  

DEDO                    DADO

A) PINTE A LETRA QUE DIFERENCIA UMA PALAVRA DA OUTRA.

B) VOCÊ PERCEBEU QUE, AO TROCAR UMA LETRA, A PALAVRA MUDOU? CONTINUE TROCANDO LETRAS. MAS, AGORA, TROQUE A LETRA **T** PELA LETRA **D**.

GA**T**O: _____

PO**T**E: _____

RO**T**A: _____

**T**IA: _____

**T**ELA: _____

**3** RESOLVA ESTE DESAFIO: ESCREVA **R** NO FINAL DA PRIMEIRA SÍLABA DE **DADOS** E COMPLETE O NOME DA SEGUNDA IMAGEM.

DADOS          JOGO DE _____

**4** LEIA O TRAVA-LÍNGUA.

O TEMPO PERGUNTOU PRO TEMPO
QUANTO TEMPO O TEMPO TEM.
O TEMPO RESPONDEU PRO TEMPO
QUE O TEMPO TEM TANTO TEMPO
QUANTO TEMPO O TEMPO TEM.

DOMÍNIO PÚBLICO.

**A)** QUAL É A PALAVRA QUE APARECE MAIS VEZES NO TRAVA-LÍNGUA? SUBLINHE-A TODAS AS VEZES QUE APARECE.

**B)** ESCREVA NOS QUADRINHOS AS PALAVRAS DAS FRASES ABAIXO. DEPOIS, REGISTRE NAS BOLINHAS A QUANTIDADE DE PALAVRAS DE CADA FRASE.

O TEMPO TEM TANTO TEMPO ◯

|  |  |  |  |
|--|--|--|--|

QUANTO TEMPO O TEMPO TEM. ◯

|  |  |  |  |  |
|--|--|--|--|--|

**5** COMPLETE AS PALAVRAS COM **D** OU **T**.

____IAMANTE

CAPACE____E

____ELEFONE

TAMAN____UÁ

**6** LEIA AS FRASES ABAIXO E COMPLETE-AS COM UMA DAS PALAVRAS DO QUADRO.

| XADREZ | TÊNIS | TESOURA |

A) LAÍS ESTÁ JOGANDO  _____ .

B) LUCAS USOU A  _____ NA ESCOLA.

C) LETÍCIA COLOCOU  _____ PARA CORRER.

# UNIDADE 6

**1** LEIA ESTA PARLENDA QUE ACOMPANHA A BRINCADEIRA DE PULAR CORDA.

COM QUEM VOCÊ PRETENDE SE CASAR?
LOIRO, MORENO, CARECA, CABELUDO,
MOCINHO BONITO DO MEU CORAÇÃO!
[...]

DOMÍNIO POPULAR.

A) EM QUAL DOS GRUPOS TODAS AS PALAVRAS TÊM A LETRA **R**?

☐ LOIRO, CARECA, CABELUDO, CORAÇÃO.

☐ LOIRO, MORENO, CARECA, CORAÇÃO.

B) NAS PALAVRAS **LOIRO**, **MORENO**, **CARECA** E **CORAÇÃO**, A LETRA **R** ESTÁ ENTRE:

☐ CONSOANTES.   ☐ VOGAIS.

C) POR ISSO, NESSAS PALAVRAS A LETRA **R** TEM SOM:

☐ FORTE.   ☐ FRACO.

**2** FALE O NOME DA IMAGEM, DEPOIS COPIE-O COLOCANDO UMA LETRA EM CADA QUADRINHO.

REI ☐☐☐

A) MONTE ESSA PALAVRA COM O ALFABETO MÓVEL.

B) EM **REI** E **RUI**, A LETRA **R** ESTÁ:

☐ NO INÍCIO DA PALAVRA.

☐ NO MEIO DA PALAVRA.

C) O SOM DA LETRA **R**, NESSAS PALAVRAS, É:

☐ FRACO. ☐ FORTE.

**3** NO CAMINHO DO RATO ATÉ O QUEIJO, SÓ HÁ PALAVRAS QUE TÊM A LETRA **R** COM O MESMO SOM QUE EM **RAPOSA** E **RENA**. ENCONTRE O CAMINHO CERTO E PINTE-O.

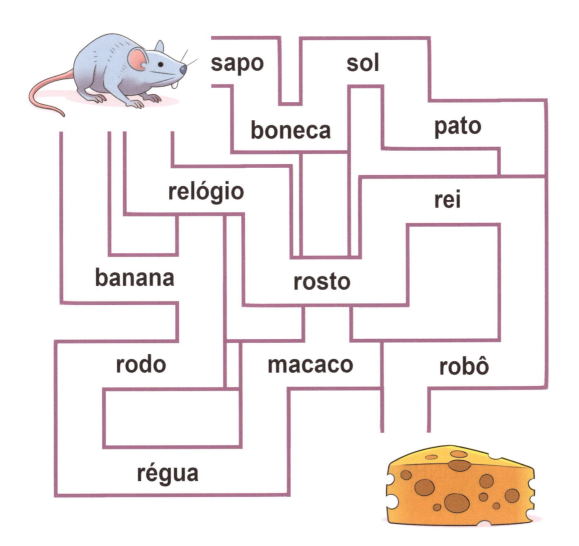

**4** RELEIA A PARLENDA DA ATIVIDADE 1, NA PÁGINA 278.

A) CIRCULE A PALAVRA **CORAÇÃO**.

B) PENSE EM TRÊS PALAVRAS QUE RIMEM COM **CORAÇÃO** E ESCREVA-AS COMO SOUBER.

_____

_____

**5** ESCREVA NO QUADRO O QUE SE PEDE.

|  | CORAÇÃO |
|---|---|
| NÚMERO DE LETRAS |  |
| NÚMERO DE SÍLABAS |  |
| ÚLTIMA SÍLABA |  |

**6** DECIFRE O ENIGMA E FORME OUTRAS PALAVRAS QUE RIMAM COM **CORAÇÃO**.

A) **20** − NTE + 🧿 − LHO + 🍈 − ME

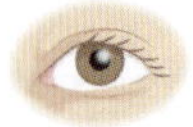

_____

B)  🐔 − LINHA + 🎸 − OLÃO + ✈️ − AVI

_____

**7** COMPLETE O DIAGRAMA COM AS PALAVRAS DO QUADRO. UMA DELAS JÁ ESTÁ ESCRITA.

| 4 LETRAS | 5 LETRAS | 6 LETRAS | 7 LETRAS | 8 LETRAS |
|---|---|---|---|---|
| PERA ROSA | AMORA RÉGUA | ARANHA | ~~MORANGO~~ REVISTA | FLORESTA |

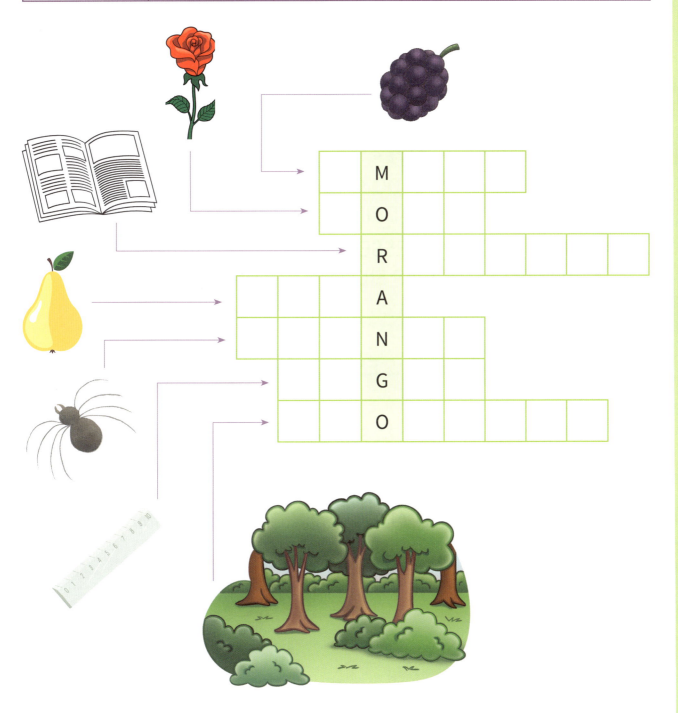

# UNIDADE 7

**1** LEIA A ADIVINHA.

OVO OU GALINHA,
NÃO SEI QUAL SURGIU PRIMEIRO.
SÓ SEI QUE É ELA
A RAINHA DO GALINHEIRO.

QUADRINHA ELABORADA
ESPECIALMENTE PARA ESTE LIVRO.

**A)** QUEM É A RAINHA DO GALINHEIRO? CIRCULE A RESPOSTA NA QUADRINHA.

**B)** FORME O NOME DESSE ANIMAL COM O ALFABETO MÓVEL. DEPOIS, SEPARE AS SÍLABAS DA PALAVRA QUE VOCÊ MONTOU.

◆ QUANTAS SÍLABAS ESSA PALAVRA TEM? _____

◆ QUAL É A PRIMEIRA SÍLABA DESSA PALAVRA? _____

**2** COM A PRIMEIRA SÍLABA DA PALAVRA **GALINHA**, PODEMOS ESCREVER OUTRAS PALAVRAS. DECIFRE O ENIGMA E FORME UMA DELAS.

GA +  – GRE +  – ARA

_____

**3** LEIA O TÍTULO DE ALGUMAS FÁBULAS.

> O GALO E A PÉROLA

> O GALO E A RAPOSA

> O GALO, O GATO E O RATINHO

**A)** QUE PERSONAGEM É CITADO EM TODOS OS TÍTULOS?

_____

**B)** SIGA AS ORIENTAÇÕES E FORME PALAVRAS TROCANDO ALGUMAS LETRAS DE **GALO**. COPIE NAS LINHAS AS PALAVRAS QUE FORMAR.

- TROQUE A CONSOANTE **L** POR **T**. O QUE VOCÊ LÊ?

| G | A |   | O |

_____

- NA PALAVRA FORMADA, TROQUE A VOGAL **O** POR **A**. O QUE VOCÊ LÊ?

| G | A | T |   |

_____

- TROQUE A PRIMEIRA VOGAL **A** DESSA PALAVRA POR **O**. O QUE VOCÊ LÊ?

| G |   | T | A |

_____

**4** A CEGONHA É UM ANIMAL QUE TAMBÉM APARECE EM FÁBULAS, ASSIM COMO A RAPOSA E O GALO. LEIA O TÍTULO ABAIXO.

> O LOBO E A CEGONHA

A) COPIE O TÍTULO DESSA FÁBULA. ESCREVA CADA PALAVRA EM UM QUADRINHO.

B) ESCREVA NOS QUADRINHOS AS SÍLABAS DE **CEGONHA**.

C) ESCREVA NO ESPAÇO A SEGUNDA SÍLABA DE **CEGONHA** E DESCUBRA O TÍTULO DE OUTRA FÁBULA.

A RAPOSA E O _____RILA

**5** ALGUNS NOMES DE ANIMAL FORAM ESCRITOS NO QUADRO, MAS FALTOU SEPARAR UMA PALAVRA DA OUTRA. SEPARE AS PALAVRAS COM TRAÇOS, DEPOIS COPIE-AS NAS LINHAS.

> CACHORROANDORINHARAPOSAPARDALARARA

**6** COMPLETE O NOME DAS IMAGENS COM **R** OU **RR**. PRESTE ATENÇÃO NO SOM QUE ESSAS LETRAS REPRESENTAM E NA POSIÇÃO DELAS.

CO____UJA

____ATO

MA____ECO

PA____DAL

CANGU____U

CAMA____ÃO

◆ AGORA ESCOLHA UM DOS ANIMAIS E ESCREVA UMA FRASE SOBRE ELE.

_____

_____

# UNIDADE 8

**1** LEIA O TEXTO E DESCUBRA O QUE É UM GIRINO.

<https://escola.britannica.com.br/artigo/anf%C3%ADbio/480594>

AS LARVAS DE SAPOS, PERERECAS E RÃS SÃO CHAMADAS DE **GIRINOS**.

GERALMENTE OS GIRINOS VIVEM NA ÁGUA.

QUANDO A LARVA SE DESENVOLVE E O ANIMAL SE TORNA ADULTO, ELE CONSEGUE VIVER NA TERRA PELO MENOS UMA PARTE DO TEMPO.

[...]

▶ UM GIRINO.

FONTE DAS INFORMAÇÕES: BRITANNICA ESCOLA. ANFÍBIO. DISPONÍVEL EM: <HTTPS://ESCOLA.BRITANNICA.COM.BR/ARTIGO/ANF%C3%ADBIO/480594>. ACESSO EM: 27 MAR. 2019.

## GLOSSÁRIO

**LARVA:** ESTÁGIO DA VIDA DE ALGUNS ANIMAIS ENTRE O OVO E A FASE ADULTA.

**A)** COMPLETE A FRASE:

◆ O NOME DA LARVA DE SAPOS, PERERECAS E RÃS É _____.

**B)** QUE LETRA VEM DEPOIS DO **G** NA PALAVRA **GIRINO**?

_____

C) QUE SÍLABA É FORMADA COM A PRIMEIRA E A SEGUNDA LETRAS DESSA PALAVRA? _____

D) VOCÊ CONHECE OUTRAS PALAVRAS QUE SÃO ESCRITAS COM ESSA SÍLABA? ESCREVA-AS COMO SOUBER.

_____

_____

2. ESCREVA A PALAVRA **GIRINO**, CADA SÍLABA EM UM QUADRINHO.

A) PINTE A PRIMEIRA SÍLABA NOS QUADRINHOS ACIMA.

B) NESTA IMAGEM, HÁ UM ANIMAL ESCONDIDO QUE TEM NOME COMEÇADO COM A PRIMEIRA SÍLABA DE **GIRINO**. ENCONTRE-O E ESCREVA O NOME DELE.

_____

**3** ESCREVA O NOME DAS IMAGENS A SEGUIR.

BOLINHAS DE

_____

_____

_____

_____

_____

_____

**4** RELEIA AS PALAVRAS.

GELATINA    TIGELA

A) QUE SÍLABAS SE REPETEM NESSAS PALAVRAS?

B) QUE LETRA VEM DEPOIS DO **G** NESSAS PALAVRAS?

**5** ENCONTRE ESTAS PALAVRAS NO DIAGRAMA E PINTE-AS.

GORILA   CANGURU   GAVIÃO   MÁGICO
TIGELA   GAVETA    GUDE     GIRAFA
GELATINA  FOGO     GELO     GIRASSOL

| A | L | G | I | R | A | S | S | O | L | S | O | V |
| F | O | G | O | Y | G | A | V | E | T | A | P | Q |
| Z | V | W | S | U | G | A | V | I | Ã | O | C | D |
| E | F | G | M | Á | G | I | C | O | H | I | J | K |
| G | O | R | I | L | A | T | G | U | D | E | M | N |
| U | G | I | R | A | F | A | T | V | G | E | L | O |
| L | S | B | T | I | G | E | L | A | P | Q | R | S |
| H | C | A | N | G | U | R | U | C | D | F | G | H |
| T | J | K | L | M | G | E | L | A | T | I | N | A |

**6** RELEIA DUAS DAS PALAVRAS QUE VOCÊ ENCONTROU NO DIAGRAMA.

GORILA   FOGO

A) QUE SÍLABA APARECE NAS DUAS PALAVRAS? PINTE-A.

B) COMPARE ESSAS DUAS PALAVRAS E COMPLETE OS ESPAÇOS ABAIXO.

|  | GORILA | FOGO |
| --- | --- | --- |
| NÚMERO DE LETRAS |  |  |
| NÚMERO DE SÍLABAS |  |  |

C) TIRE A SEGUNDA SÍLABA DE **GORILA** E FORME OUTRA PALAVRA.

D) QUAL DAS PALAVRAS TEM MENOS SÍLABAS, **GORILA** OU **FOGO**? COPIE-A NO ESPAÇO ABAIXO.

_____

E) TROQUE A SEGUNDA LETRA DESSA PALAVRA POR **I** E FORME O NOME DE UMA FRUTA.

**7** RELEIA AS PALAVRAS DO DIAGRAMA DA PÁGINA 289.

| GORILA | CANGURU | GAVIÃO | MÁGICO |
| TIGELA | GAVETA | GUDE | GIRAFA |
| GELATINA | FOGO | GELO | GIRASSOL |

COPIE AS QUE TÊM **G** COM O MESMO SOM QUE EM:

A)

GALINHA    GOLA    GURI

_____

_____

B)

GEMA    RELÓGIO

_____

_____

# UNIDADE 9

**1** COMPLETE AS PALAVRAS COM AS SÍLABAS **CA**, **CO** OU **CU**. DEPOIS, COPIE AS PALAVRAS NAS LINHAS.

____BIDE      ____BERTOR      ____ÍCA

MA____CO      ____NE____      CRO____DILO

JABUTI____BA      ____LAR      ____VALO

____MELO      ____LHER      ____BO

_____

_____

**2** NA ATIVIDADE 1, VOCÊ COMPLETOU O NOME DE QUAL FRUTA?

_____

**A)** SEPARE AS SÍLABAS DESSA PALAVRA.

| | | | | |
|---|---|---|---|---|

**B)** DENTRO DESSA PALAVRA HÁ OUTRA PALAVRA. JUNTE AS TRÊS PRIMEIRAS SÍLABAS E DESCUBRA QUAL É ELA.

_____

**C)** VOCÊ ESCREVEU O NOME DE QUAL DESTES ANIMAIS? CONTORNE-O.

**3** NA IMAGEM ESTÃO REPRESENTADAS QUATRO AVES. VOCÊ AS CONHECE? LEIA O NOME DELAS NAS PLACAS.

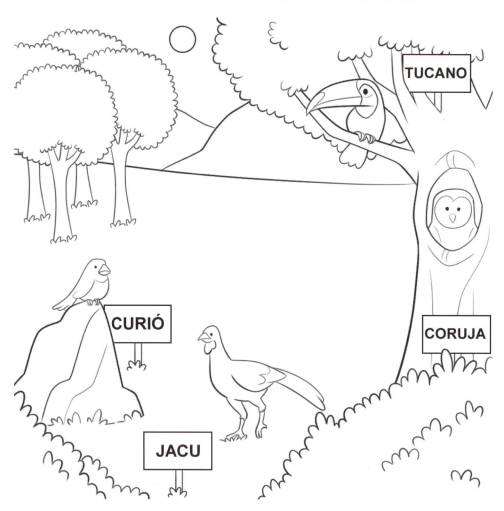

A) COPIE O NOME DAS AVES E CIRCULE AS SÍLABAS **CA**, **CO**, **CU**.

_____

B) AGORA PINTE A IMAGEM. SE QUISER, DESENHE NELA OUTROS ANIMAIS QUE VOCÊ CONHECE.

**4** DOS NOMES DE AVE QUE VOCÊ COPIOU:

A) QUAL TEM DUAS SÍLABAS? _____

B) QUAIS TÊM TRÊS SÍLABAS? _____

**C)** EM QUAL DESSAS PALAVRAS ENCONTRAMOS A PALAVRA **CANO**?

_____

**5** AS SÍLABAS ABAIXO ESTÃO FORA DE ORDEM. ORGANIZE-AS PARA FORMAR PALAVRAS. DICA: OBSERVE AS IMAGENS.

| | RU CO JA | |
|---|---|---|
| | LHO CHO CA | |
| | CO BAR | |
| | DE A DO CA | |
| | PO CO | |
| | TA NE CA | |

# REFERÊNCIAS

ADAMS, Marilyn J. et al. *Consciência fonológica em crianças pequenas*. Porto Alegre: Artmed, 2006.

ANTUNES, Irandé. *Aula de português*: encontro e interação. São Paulo: Parábola, 2003.

BAGNO, Marcos. *Nada na língua é por acaso*: por uma pedagogia da variação linguística. São Paulo: Parábola, 2007.

BAKHTIN, Mikhail. *Marxismo e filosofia da linguagem*. São Paulo: Hucitec, 2009.

_____. Os gêneros do discurso. In: _____. *Estética da criação verbal*. São Paulo: WMF Martins Fontes, 2010.

BRANDÃO, Ana C. P.; ROSA, Ester C. de S. (Org.). *Leitura e produção de textos na alfabetização*. Belo Horizonte: Autêntica, 2005. Disponível em: <http://coordenacaoescolagestores.mec.gov.br/ufsc/file.php/1/coord_ped/sala_12/arquivos/Leitura_e_producao_anexo3.pdf>. Acesso em: 9 dez. 2016.

BRASIL. Ministério da Educação. Secretaria de Educação Básica. *Diretrizes curriculares nacionais para o Ensino Fundamental de 9 (nove) anos*. Brasília, 2010.

_____. Ministério da Educação. Secretaria de Educação Básica. *Pacto nacional pela alfabetização na idade certa*. Brasília, 2012.

_____. Ministério da Educação. Secretaria de Educação Básica. *Base Nacional Comum Curricular*. Brasília, 2018.

_____. Ministério da Educação. Secretaria de Educação Fundamental. *Parâmetros curriculares nacionais*: 1ª a 4ª série. Brasília, 1997.

CAGLIARI, Luiz Carlos. *Alfabetização e linguística*. São Paulo: Scipione, 2010.

COELHO, Nelly N. *Literatura infantil*: teoria, análise, didática. São Paulo: Moderna, 2002.

COLL, César et al. *O construtivismo na sala de aula*. São Paulo: Ática, 2006.

_____; TEBEROSKY, Ana. *Aprendendo português*: conteúdos essenciais para o Ensino Fundamental de 1ª a 4ª série. São Paulo: Ática, 2000.

COLOMER, Teresa; CAMPS, Anna. *Ensinar a ler, ensinar a compreender*. Porto Alegre: Artmed, 2002.

DIONISIO, Angela P.; MACHADO, Anna R.; BEZERRA; M. Auxiliadora (Org.). *Gêneros textuais e ensino*. São Paulo: Parábola, 2010.

FARACO, Carlos A. *Linguagem escrita e alfabetização*. São Paulo: Contexto, 2012.

FÁVERO, Leonor L.; ANDRADE, M. Lúcia C. V. O.; AQUINO, Zilda G. *Oralidade e escrita*: perspectiva para o ensino de língua materna. São Paulo: Cortez, 2012.

FERREIRO, Emilia. *Com todas as letras*. São Paulo: Cortez, 2010.

_____. *Cultura escrita e educação*. Porto Alegre: Artmed, 2001.

_____; TEBEROSKY, Ana. *Psicogênese da língua escrita*. Porto Alegre: Artmed, 1999.

JOLIBERT, Josette (Coord.). *Formando crianças leitoras*. Porto Alegre: Artmed, 1994.

KATO, Mary A. (Org.). *A concepção da escrita pela criança*. Campinas: Pontes, 2010.

KOCH, Ingedore V. *A coerência textual*. São Paulo: Contexto, 2004.

_____. *A coesão textual*. São Paulo: Contexto, 2002.

_____; ELIAS, Vanda M. *Ler e compreender os sentidos do texto*. São Paulo: Contexto, 2006.

LEMLE, Miriam. *Guia teórico do alfabetizador*. São Paulo: Ática, 2007.

LERNER, Delia. *Ler e escrever na escola*: o real, o possível, o necessário. Porto Alegre: Artmed, 2002.

MARCUSCHI, Luiz A. *Da fala para a escrita*: atividades de retextualização. São Paulo: Cortez, 2010.

_____. *Produção textual, análise de gêneros e compreensão*. São Paulo: Parábola, 2008.

MORAIS, Artur G. de. *Sistema de escrita alfabética*. São Paulo: Melhoramentos, 2012.

PRETI, Dino. *Sociolinguística*: os níveis de fala. São Paulo: Edusp, 2003.

ROJO, Roxane (Org.). *Alfabetização e letramento*. Campinas: Mercado de Letras, 1998.

_____; BATISTA, Antônio A. G. (Org.). *Livro didático de língua portuguesa*: letramento e cultura da escrita. Campinas: Mercado de Letras, 2003.

SCHNEUWLY, Bernard; DOLZ, Joaquim et al. *Gêneros orais e escritos na escola*. Campinas: Mercado de Letras, 2004.

SOARES, Magda. *Alfabetização e letramento*. São Paulo: Contexto, 2003.

SOLÉ, Isabel. *Estratégias de leitura*. Porto Alegre: Artmed, 1998.

TEBEROSKY, Ana. *Aprendendo a escrever*. São Paulo: Ática, 1995.

VIGOTSKI, Lev S. *A formação social da mente*. São Paulo: Martins, 2007.

_____. *Pensamento e linguagem*. São Paulo: Martins, 2008.

ZILBERMAN, Regina. *A literatura infantil brasileira*. Rio de Janeiro: Objetiva, 2005.

ENCARTES

## ALFABETO MÓVEL

| A | B | C | D |
| E | F | G | H |
| I | J | K | L |
| M | N | O | P |
| Q | R | S | T |
| U | V | W | X |
|   | Y | Z |   |

RECORTAR

| A | B | C | D |
| E | F | G | H |
| I | J | K | L |
| M | N | O | P |
| Q | R | S | T |
| U | V | W | X |
| | Y | Z | |

RECORTAR

| A | B | C | D |
| E | F | G | H |
| I | J | K | L |
| M | N | O | P |
| Q | R | S | T |
| U | V | W | X |
| | Y | Z | |

# UNIDADE 1

◆ PEÇAS PARA A ATIVIDADE 6, DA PÁGINA 18.

# UNIDADE 2

◆ TABULEIRO PARA O **JOGO DO PARQUE**, DA PÁGINA 32.

◆ DADO PARA O **JOGO DO PARQUE**, DA PÁGINA 32.

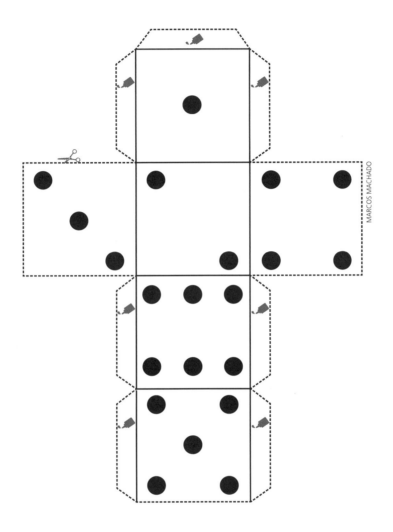

# UNIDADE 4

◆ PEÇAS PARA O **BINGO DOS ALIMENTOS**, DA PÁGINA 82.

◆ PEÇAS PARA O **JOGO DA MEMÓRIA**, DA PÁGINA 90.

| CAVALO | UVA |
| AVIÃO | LUVA |
| VACA | OVO |
| VELA | NOVELO |
| FIVELA | VIOLÃO |

# UNIDADE 6

◆ PEÇAS PARA A ATIVIDADE 7, DA PÁGINA 143.

| ARANHA | COROA | PIRULITO |
| ARARA | GIRAFA | CORAÇÃO |

◆ PEÇAS PARA A ATIVIDADE 2, DA PÁGINA 146.

# UNIDADE 7

◆ FIGURAS PARA A ATIVIDADE DA SEÇÃO **COMO EU VEJO**, DA PÁGINA 176.

ILUSTRAÇÕES: CHRISTIANE S. MESSIAS

◆ FICHA INFORMATIVA PARA A ATIVIDADE DA PÁGINA 179.

**FICHA INFORMATIVA**

NOME DO ANIMAL:

LOCAL ONDE VIVE:

PESO:

TAMANHO:

ALIMENTAÇÃO:

DATA:                    ANO:
NOME DO PROFESSOR: